Lodi per *Piccolo Aglio*

"Fortunatamente, Avideh Shashaani ci porta *Piccolo Aglio*, che come credo, viva nel cuore di ognuno di noi, specialmente nel cuore dei bambini, pronto a restituirci la magia di un mondo incontaminato."
GRACE CAVALIERI
Maryland Poet Laureate

"Il mondo, attraverso la vostra testimonianza, ha niente da perdere, ma tutto da guadagnare."
RICHARD ROHR
Fondatore, *Center for Action and Contemplation*, autore riconosciuto a livello internazionale e Leader Spirituale

"Avideh Shashaani ha scritto una storia di famiglia che supera gli standard di un mito. Ecco Piccolo Aglio, accolto in una parabola spirituale senza tempo, antica quanto il protagonista, che affronta sfide difficili per poi scoprire delle realtà più profonde, il tutto attraverso un processo di sfogliare strati di verità, guidato da Cipolla, il Virgilio della nostra storia".
LISA MILLER, Ph.D.
Professoressa di Psicologia e Educazione, Teachers College, Columbia University; autrice di *The Awakened Brain*, e del New York Times Bestseller *The Spiritual Child: The New Science of Parenting for Health and Lifelong Thriving*

"Un ponte spirituale tra giovani e anziani. Il libro ci ricorda che parole vere di saggezza spirituale attraggono tutte le età."
ROB LEHMAN
Trustee, Fetzer Institute

"Vibrante e delicato. Shashaani usa un linguaggio lirico, semplice ma espressivo."
KIRKUS REVIEWS

"La spiritualità è un tema importante nella collezione, che non promuove alcuna religione, ma invece gioca con l'idea di una spiritualità universale. Qui, il Sé è il massimo potere: tutte le avventure di Piccolo Aglio servono ad aiutarlo a scoprire la sua stella segreta, che un po' assomiglia all'idea di un'anima."
FOREWORD CLARION REVIEWS

"Con le sue storie avvincenti, il libro trasmette ai bambini messaggi sulla fiducia, la comprensione, l'esperienza e l'amore. Adulti che cercano una serie di storie da leggere ad alta voce, e giovani lettori in grado di leggerle da soli, apprezzeranno molto tutto ciò che riguarda gli incontri nella vita di Piccolo Aglio, la sua percezione degli amici per la vita, il ruolo e la sua influenza sul mondo che lo circonda".
MIDWEST BOOK REVIEW

Piccolo Aglio

Racconti incantati per tutte le età

Avideh Shashaani

Traduzione di Sabine Pascarelli

Wyatt-MacKenzie Publishing
DEADWOOD, OREGON

VINCITORE del *National Indie Excellence Awards 2022*
nella categoria *Children's Inspirational/Motivational*

Piccolo Aglio: racconti incantati per tutte le età
Avideh Shashaani
Traduzione di Sabine Pascarelli

ISBN Copertina morbida ISBN: 9781954332775
©2023 Avideh Shashaani
Illustrazioni di Bonnie Lemaire.

Tutti i diritti riservati. Nessuna parte di questo libro può essere utilizzata o riprodotta in qualsiasi modo o forma senza autorizzazione scritta, eccetto nel caso di ristampe nell'ambito di revisioni.

Wyatt-MacKenzie Publishing
DEADWOOD, OREGON

*Dedicato a tutti i bambini e le bambine del mondo,
specialmente a coloro che hanno bisogno di un amico.*

Indice

Introduzione	i
Premessa	iii
L'incontro straordinario	1
Gli antenati	13
Vento Magico	25
La storia di Fiore di Loto	37
La storia di Rambutan	53
La storia del bruco	71
La storia di Campanella	81
La storia di Fragola	95
Il sogno speciale di Piccolo Aglio	111
La storia di Adam	121
Il Fiore della Pace	135
L'autrice	155

Introduzione

È DAI TEMPI di MISTER ROGERS che non ci è più capitato di leggere un'opera per bambini così vera, senza manipolazioni e sensazionalismi. L'autentico e il disadorno si uniscono qui nella ricerca compiuta da una creatura solitaria: siamo tornati alla semplicità di sapere cos'è un bambino e come, quel bambino, può restare incantato da un'elegante fantasia.

I bambini credono a ciò che leggono. Questo libro è stato scritto affinché i più piccoli possano ancora credere in un mondo amorevole, un mondo che, anche ora, vive sotto la superficie della quotidianità; una storia portata alla luce dalle avventure di Piccolo Aglio.

Piccolo Aglio è nato solo e un po' straniato. Tuttavia, la gentilezza degli altri lo porta a comprendere cosa il mondo contiene, e come lui possa nutrirsi attraverso esperienze guidate.

La letteratura per l'infanzia ci ha fatto conoscere ogni passaggio del comportamento umano, ma sembra aver perso l'essenza del nostro intento originario per i bambini: portarli dall'innocenza alla crescita, e poi alle amorevoli impressioni di una vita in pienezza.

Con un linguaggio semplice e una trama chiara, questo libro ci porta ancora una volta nelle terre perdute delle fiabe, del folklore e dell'esistenza magica di creature che si adoperano per il bene.

Grace Cavalieri
Maryland Poet Laureate

Prefazione

AVIDEH SHASHAANI ha scritto una storia di famiglia che supera gli standard di un mito. Ecco, benvenuti in una parabola spirituale senza tempo, antica quanto il protagonista, Piccolo Aglio, che affronta sfide difficili per poi scoprire delle realtà più profonde accompagnato da Cipolla, il Virgilio della nostra storia, che lo guida in una graduale rimozione di strati di verità.

Shashaani parla con il bambino come con un saggio e si impegna a far emergere il più profondo dei suoi diritti di nascita: l'innata consapevolezza spirituale. Attraversando i diversi strati della realtà umana, questa raccolta di fiabe ha il potere di essere una storia fondativa nella vita di un bambino.

L'autrice si unisce alla saggezza naturale del bambino, attraverso gli occhi del protagonista. Un Piccolo Aglio in viaggio riconosce tutti gli esseri viventi come vivi e coscienti, e da ciascuno di essi può quindi imparare qualcosa. Nel corso degli incontri, Shashaani onora in maniera leale la capacità del bambino di conoscere e di coinvolgere più livelli di coscienza; il mondo dei sogni, la compagnia e l'amicizia nella natura – di una mucca o di un fiore – e uno spirito o una verità senza tempo.

Nell'offrire ai nostri bambini un viaggio con uno sfondo spirituale, il libro di Avideh Shashaani rafforza le loro capacità naturali di ascoltare, sentire e amare il mondo vitale che li circonda. Shashaani si rivolge a questo luogo di conoscenza, sede della consapevolezza attraverso cui l'ordine fisico della realtà rivela la realtà spirituale fondamentale, dove il bambino trova una casa duratura. Un luogo, nel quale si può vivere con gioia e in bella compagnia, come il Fiore, con speranza e pace. Qui a casa, nell'universo, il bambino porta con sé la vera resilienza dopo perdita e sofferenza, persino di rinnovamento di fronte alla distruzione della famiglia, della comunità o dell'origine, con la consapevolezza di essere sostenuto e amato dalla vita stessa.

Se un genitore leggerà per suo figlio questo libro poetico più volte alla settimana, e poi il bambino tornerà a leggere questi passaggi vitali una volta raggiunta l'età della lettura, e si avvicinerà a queste storie molto amate nell'autonomia della scuola media, è molto probabile che per il resto della sua vita sentirà l'abbraccio della bontà del mondo, e lascerà aperta la porta al passaggio interiore verso la scoperta spirituale. E la famiglia del bambino sarà trasformata e tornerà alla sua natura edenica.

Lisa Miller, Ph.D.
Autrice di *The Awakened Brain: The New Science of Spirituality and Our Quest for an Inspired Life* and *The Spiritual Child: The New Science of Parenting for Health and Lifelong Thriving*; Professoressa di Psicologia e di Educazione, Direttrice fondatrice di THE SPIRITUALITY AND MIND BODY INSTITUTE, Teachers College, Columbia University

L'incontro straordinario

C'ERA UNA VOLTA – dappertutto, da un millennio a un anno fa – e da qualche parte non troppo lontano né troppo vicino a noi, un Piccolo Aglio che se ne stava seduto tutto solo, triste e smarrito. Piccole lacrime scendevano lentamente dai suoi occhi smarriti fino a terra, dove spuntavano foglie verdi e sottili che lo proteggevano dalla sabbia e dal vento che gli soffiava contro.

Un giorno, proprio vicino al nostro Piccolo Aglio, atterrò una cipolla, trasportata dal vento. Cipolla si guardò intorno e vide Piccolo Aglio seduto da solo. Disse: "Ehi, piccoletto! Come ti chiami? E perché sei così triste?".

Piccolo Aglio, che era rimasto da solo per tanto tempo, non riuscì a trattenere le lacrime che cominciarono a sgorgare e a scorrere come un fiume in piena. Alzò gli occhi e guardò Cipolla, poi emise un profondo sospiro e disse: "La mia storia ti renderà molto triste".

"Non preoccuparti, piccoletto" rispose Cipolla. "Sono qui per te. Perché non cominci dall'inizio e me la racconti?"

E così Piccolo Aglio iniziò a condividere con Cipolla la sua triste storia. Disse: "Un giorno, quando ero a malapena fuori dal terreno, un forte vento mi strappò e mi spazzò via dalla mia terra e dalla mia casa, portandomi qui. Non so da dove vengo. Non ho un nome. Non so che aspetto ho. So solo che tutti mi chiamano 'Puzzone' e nessuno vuole starmi vicino!"

Cipolla disse: "Non preoccuparti, piccoletto, abbiamo un sacco di tempo per capire tutto! Lascia che mi presenti. Mi chiamo Cipolla e credo che tu appartenga alla famiglia dell'aglio. Ti va bene se qualche volta ti chiamo 'Piccolo Aglio'?"

"Certo, non c'è problema!" Piccolo Aglio era molto felice di aver finalmente incontrato qualcuno che sapeva qualcosa della sua famiglia, e disse: "Sono molto felice di conoscerti. Va bene se ti racconto cosa mi è successo da quando il vento mi ha portato qui?"

Cipolla, con voce rassicurante e gentile, disse: "Certo, voglio sapere tutto".

Piccolo Aglio sentì finalmente che qualcuno si preoccupava davvero per lui. Così, raccontò a Cipolla tutto ciò che gli era successo da quando il vento lo aveva portato in questo strano luogo, lontano dalla sua casa e dalla sua famiglia. Cipolla ascoltò con molta attenzione ogni parola della triste storia di Piccolo Aglio.

"Che mi puzzi un piede!" esclamò Cipolla. "Hai idea di come i tuoi antenati siano sopravvissuti e si siano diffusi in così tanti paesi, conquistando i cuori di così tante persone in tutto il mondo?

Quelli che ti hanno chiamato 'Puzzone' lo ignorano. Non sapevano nulla della tua storia, della cultura e della geografia.

Dimmi: quanti di loro sarebbero capaci di sopravvivere dopo aver attraversato le montagne più aspre e pericolose? E quanti sono amati da tante persone di razze e culture diverse?

Che mi puzzi un piede! Dovrebbero capire come conquistare i cuori e non prendersela con i piccoli come te."

Piccolo Aglio ascoltava con attenzione le parole di Cipolla, ma sembrava un po' perplesso.

Non capiva cosa volesse dire 'conquistare i cuori' e non sapeva niente di antenati.

Notando la confusione di Piccolo Aglio, Cipolla disse: "Va bene, lascia che te lo dica chiaramente. Ancora meglio: faremo un viaggio insieme, così potrai scoprire da solo tutte le risposte, ma c'è una cosa che devi fare prima".

"Cipolla, che cos'è che devo fare prima? Ho paura. Non so come affrontare un viaggio. Sono così piccolo e non so nulla."

Cipolla disse: "A volte è meglio imparare da soli, ma io ti aiuterò. Possiamo capirlo insieme".

"Va bene, Cipolla. Dici che posso farcela?"

"Certo, non ho dubbi, piccoletto. Ascolta molto attentamente ciò che adesso sto per condividere con te.

"Ancora non lo sai, ma ogni cosa ha un segreto

speciale che viene custodito in un posto molto segreto, nascosto agli occhi di tutti. È un tesoro che dovrai scoprire da solo."

"Cipolla, sono spaventato. Non so nulla di segreti. Sembra troppo difficile, e io sono così piccolo."

Cipolla rispose con voce rassicurante e gentile: "Vieni qui, piccoletto, siediti vicino a me. Voglio raccontarti una storia che ti aiuterà a capire.

"Quando ero molto piccola, proprio come te, il vento mi spazzò via dalla mia casa, dalla mia famiglia e da tutto ciò che avevo intorno. Atterrai in un posto dove non conoscevo nessuno. Piansi e piansi, ero così sola e spaventata. Non avevo nessuno.

"Un giorno passò un ragazzino che venne a sedersi proprio accanto a me. Aveva un aspetto triste e solo, così gli chiesi perché fosse così triste.

"Iniziò a raccontarmi la sua storia, con le lacrime che gli scendevano dagli occhi. Disse che ogni giorno, quando andava a scuola, i bambini lo stuzzicavano. Lo prendevano in giro e lo chiamavano in tutti i modi. Nessuno voleva giocare con lui, lo spintonavano e gli dicevano che era diverso.

Allora io gli chiesi se avesse una famiglia e se potessero aiutarlo. Mi disse che una famiglia ce l'aveva, ma che nessuno sospettava cosa stesse succedendo a scuola. Poi disse che ogni giorno dopo la scuola, prima di tornare a casa, andava a fare un giro, cercandosi un posto tranquillo dove sedersi da solo e piangere, per non portare a casa la sua tristezza.

"Gli chiesi perché non avesse mai parlato alla sua famiglia dei suoi problemi a scuola, e mi rispose che i suoi genitori gli volevano molto bene e lui non voleva farli preoccupare.

"Gli dissi che se io avessi avuto una famiglia che mi amava non avrei esitato a raccontare quello che stava succedendo, e loro sarebbero stati in grado di aiutarmi. Al mio amico sembrò una buona idea e si convinse a raccontare tutto.

"Alla fine, mi chiese perché ero così triste e tutta sola.

"Con calma, gli raccontai la mia storia e cominciammo a piangere insieme.

"'Perché non diventiamo amici?', disse, 'ti porterò

a casa mia, così potrai stare con me e saremo ottimi amici.'

"Be', questo sembrava un miracolo. Come poteva qualcosa di tanto meraviglioso accadere a me, una piccola cipolla?"

Ormai erano passate diverse ore da quando Cipolla aveva cominciato a raccontare la sua storia a Piccolo Aglio. Cipolla si accorse che il sole era tramontato. Si stava facendo buio, e quando alzò lo sguardo, vide nel cielo le prime stelle.

Sussurrando, Cipolla continuò a raccontare della sua amicizia con il bambino. Quando ebbe finito, Piccolo Aglio disse: "Le nostre storie sono molto simili, ma allora perché tu non sei triste come me? Cos'è che ti ha resa così spensierata e allegra?".

"Vedi, piccoletto, mi è bastata una sola persona, quel ragazzino, per capire chi ero veramente. La sua amicizia ha cambiato tutto per me.

"Vedi, io ho molti, molti strati ed era difficile per le persone vedere attraverso di essi. Così mi giudicavano per il mio aspetto e mi chiamavano ' Puzzona' –

proprio come te. Ho sempre incolpato gli altri perché non volevano starmi vicino. Ma ora che ho imparato a conoscere me stessa, capisco molto meglio gli altri."

Era ormai calato il crepuscolo e Piccolo Aglio era così rilassato che fece un grande sbadiglio. Cipolla si rese conto che si stava facendo tardi, e propose: "Possiamo parlarne domani. Facciamoci una bella dormita e domattina ci svegliamo a una nuova giornata. Ci aspetta un lungo viaggio.

"Ora chiudi gli occhi, rilassati e lascia che la dolce brezza della notte e la luce delle stelle ti riempiano di pace e felicità.

"Buonanotte, piccolo amico. Sogni d'oro."

"Buonanotte, Cipolla, grazie di essere mia amica."

Piccolo Aglio chiuse gli occhi e si sentì confortato. Per la prima volta da quando il vento lo aveva portato lì era in grado di addormentarsi senza preoccuparsi di nulla. Dormì profondamente, sentendosi grato di aver trovato un'amica.

Ormai tutto il cielo era trapunto di stelle e una coltre di calma si era posata sul cielo notturno.

L'INCONTRO STRAORDINARIO

Cipolla guardò il cielo pieno di stelle e ricordò di come fosse stata guidata. Di come aveva trovato il proprio segreto lungo il misterioso sentiero della vita.

Diede un'occhiata e vide che Piccolo Aglio stava dormendo felicemente. Anche lei chiuse gli occhi, grata per aver trovato un nuovo amico.

Gli antenati

Era quasi l'alba quando Cipolla aprì gli occhi e vide Piccolo Aglio profondamente addormentato.

Guardò il suo piccolo amico con gli occhi teneri di una madre amorevole e cominciò a pensare al lungo viaggio che li attendeva.

Il sole illuminava l'orizzonte e gli uccelli cinguettavano, già impegnati nelle loro attività quotidiane.

Piccolo Aglio iniziò a muoversi, poi aprì lentamente gli occhi sul giorno appena nato.

"Buongiorno, piccoletto!"

"Buongiorno, Cipolla!"

"Sei pronto per iniziare la giornata?" chiese Cipolla.

"Ho dormito così bene e ho fatto così tanti sogni meravigliosi che sono pronto a tutto."

Cipolla sorrise. "Mi fa piacere sentirlo. Sei pronto a conoscere qualche segreto speciale?"

"Wow, sembra eccitante! Ma cosa sono i segreti?"

"Ti ricordi che ieri mi dicevi che la gente ti chiama 'Puzzone' e che nessuno voleva starti vicino?

"E io ti ho risposto che non sapevano quello che dicevano?"

Piccolo Aglio rispose: "Sì, me lo ricordo".

"Bene, allora cominciamo dall'inizio. Basta guardarti per capire che hai fatto molta strada dalla tua terra natia.

"Come fai a dirlo?" chiese Piccolo Aglio.

"Il tuo aspetto mi dice che le tue origini, l'inizio di tutto, vanno cercate sulle montagne, in un luogo molto lontano. Quanto al motivo… so per certo che deve esserci uno scopo se sei stato portato qui. Tutti noi abbiamo una ragione per essere dove siamo: scoprirlo è un'esperienza magica."

Piccolo Aglio era confuso. Non riusciva a capire di cosa stesse parlando Cipolla.

Vedendo lo smarrimento sul volto di Piccolo Aglio, Cipolla disse: "Capirai tutto durante il viaggio.

Ma prima, lascia che ti racconti una piccola storia sulla magia che circonda i tuoi antenati".

Piccolo Aglio si confuse ancora di più e chiese: "Che cos'è la magia e cosa sono gli antenati?".

"Abbi pazienza, piccoletto, ti racconterò alcune storie e capirai.

"In realtà io e te siamo legati, ma il tuo lignaggio è molto importante. I tuoi antenati, cioè i membri della tua famiglia che sono venuti prima di te, erano presenti agli albori del tempo.

"Quelli che ti chiamano 'Puzzone' non sanno chi sei e non conoscono il tuo vero valore. Se lo sapessero, non ti lascerebbero solo.

"Chissà che cosa ti sarebbe capitato se ti avessero visto per quello che sei. A volte essere sottovalutati è un dono, tu sei molto fortunato."

Cipolla continuò il racconto di come gli esseri umani avevano imparato a usare i molteplici doni della natura a loro vantaggio per ottenere salute, guarigione e una lunga vita. Spiegò anche che a volte gli esseri umani possono essere molto avidi, prendere e prendere senza dare niente in cambio.

Piccolo Aglio continuava a pensare a quanto fosse ignorante e al fatto che non avesse la minima idea di tutto ciò. Scoprì che gli esseri umani delle varie parti del mondo avevano dato nomi diversi ai suoi antenati. Un nome era particolarmente difficile da pronunciare e da ricordare, "Allium Sativum". Non riuscirò mai a ricordare questo nome, pensò il piccoletto: è troppo difficile, "Piccolo Aglio" è il nome che preferisco!

Piccolo Aglio ascoltava attentamente, con la mente e il cuore.

Imparò molte cose interessanti su di sé.

Imparò di avere una cosa chiamata "potere", e scoprì di essere un bulbo fatto di tanti spicchi, ognuno dei quali era avvolto in un sottile involucro. Il suo bulbo era nato da un bulbo madre che era cresciuto e ricresciuto e si era moltiplicato dal bulbo originale per migliaia di anni. Imparò che ogni aglio ha dentro di sé tutta la memoria dei tempi antichi.

Era entusiasta di apprendere che aveva molti

parenti in diverse parti del mondo e che molti di loro erano diversi l'uno dall'altro.

Cipolla cominciò a pensare che tutte queste nuove informazioni potessero essere eccessive per il suo piccolo amico. Così gli domandò se volesse conoscere un'antica storia su come tutto ebbe inizio.

Piccolo Aglio era così eccitato di sentire finalmente la vera storia, che saltò in braccio a Cipolla e posò la testa sul suo petto.

Così Cipolla iniziò a raccontare questa storia.

"Si racconta che una principessa cinese, una delle mogli di un re tibetano, conoscesse il segreto dell'elisir di lunga vita."

"Cipolla, che vuol dire 'elisir'?"

"Be', l'elisir è il segreto che fa vivere le persone per sempre" spiegò Cipolla.

"Capito."

Cipolla continuò con la storia. "Un giorno, un ladro rubò l'elisir e lo bevve. I soldati del re lo cercarono ovunque. Infine lo catturarono e lo portarono a essere punito davanti a tutti.

"Si dice che a terra, nel punto in cui il ladro fu ucciso, cadde una goccia del suo sangue: lì spuntò un aglio. È così che la gente scoprì il segreto dell'elisir di lunga vita.

"La storia viene raccontata così. Nessuno in Tibet quando sente questa storia pensa che l'aglio sia nato così, ma tutti ne comprendono il vero significato."

Piccolo Aglio, che stava ascoltando ogni parola, chiese a Cipolla: "E qual è il vero significato?".

"Vedi, piccoletto, un tempo le persone sagge infilavano nelle storie cose importanti o segreti. Chi voleva conoscere i segreti della vita e sapere come raggiungere la vera felicità, rifletteva profondamente sul significato delle parole e ne apprezzava il valore, mentre gli altri pensavano alle storie come a semplici favole.

"Nel corso del nostro viaggio ti racconterò altre storie come questa – il modo in cui le persone sagge, nel corso del tempo, hanno raccontato dei segreti attraverso storie che agli altri sembravano favole.

"Lascia che ti chieda, piccoletto, sai cosa significa veramente questa storia?"

Piccolo Aglio rispose: "Fammi pensare. Non lo so. Puoi dirmelo tu?".

"Volentieri. Ci dice che l'aglio è un elisir di lunga vita. Gli esseri umani hanno scoperto che l'aglio ha molti, molti benefici per una lunga vita, perché ha un potere ringiovanente."

"Cosa vuol dire ringiovanente?"

Cipolla rispose: "Ha molti significati. Pensa a questo: è come il sole, che ogni giorno dà energia e nuova vita, permettendo a ogni essere vivente di crescere ed essere forte.

"Ora sai quanto sono stati apprezzati i tuoi antenati e i tuoi parenti per migliaia e migliaia di anni. La prossima volta che qualcuno ti chiamerà 'Puzzone', ricordati di questa storia!"

"Lo farò, Cipolla" promise Piccolo Aglio.

Cipolla sorrise. "So che lo farai. Ma non basta che gli altri conoscano il tuo valore. Devi scoprirlo da solo. Se non lo fai, non sarai mai sicuro di te come i tuoi antenati.

"Allora, sei pronto per il viaggio?"

"Sì, Cipolla, sono pronto al cento per cento. È così eccitante!"

"Durante il viaggio, a poco a poco, incontrerai i tuoi parenti e scoprirai i luoghi in cui hanno vissuto i tuoi antenati. Troverai anche degli amici che ti racconteranno piccoli segreti sul loro viaggio."

Cipolla si accorse che il sole stava tramontando e che sarebbe stato meglio aspettare il mattino per condividere con Piccolo Aglio la storia di Vento Magico.

"C'è un segreto che vorrei condividere con te, ma ormai si sta facendo buio, e a tutti e due farebbe bene un buon riposo notturno per essere pronti al mattino. Cosa ne pensi, piccoletto?"

Sonnacchioso, Piccolo Aglio annuì. "Hai condiviso così tanto con me oggi, e riposare è una buona idea. Forse stanotte sognerò i miei antenati."

"Va bene, piccoletto. Ora chiudi gli occhi e senti quanto sei speciale, lascia che questa meravigliosa sensazione si diffonda dentro di te, che dimori nel tuo cuore e nei tuoi occhi."

Sorridendo, Piccolo Aglio chiuse gli occhi e disse:

"Grazie per tutte le storie e grazie per essere mia amica, Cipolla. Non vedo l'ora che arrivi domani. Buona notte".

"Buona notte, piccoletto. Sogni d'oro."

Vento Magico

"BUONGIORNO, PICCOLETTO! Hai fatto dei bei sogni, stanotte?"

"Buongiorno, Cipolla! Ho fatto sogni meravigliosi, tutti sui miei antenati. Erano tutti così gentili con me. Oggi ho così tanta energia che sono pronto ad affrontare il viaggio!"

"Ora che sei pronto, condividerò con te un segreto importante, ma devi promettere di non dirlo a nessuno finché non sarà il momento" disse Cipolla.

"Non conosco nessuno, Cipolla, come potrei dire qualcosa a qualcuno?"

Cipolla disse: "Lungo il cammino ne incontrerai molti, di amici, ma devi mantenere il segreto fino a quando non sarai sicuro al cento per cento che siano pronti a sentirlo. È importante tenere i segreti al sicuro."

"Va bene, Cipolla, lo prometto."

"Ecco l'accordo" fece Cipolla. "Chiunque voglia intraprendere questo viaggio deve conoscere Vento Magico e scoprire la Stella Segreta."

"Oh no, Cipolla! Ero così pronto a partire, ma ora mi stai dicendo che devo fare una cosa così difficile!"

"Non è affatto difficile. Se vuoi davvero intraprendere il tuo viaggio imparerai a conoscere Vento Magico, e con il suo aiuto scoprirai la tua Stella Segreta."

"È così eccitante! Voglio proprio fare questo viaggio, davvero! Cosa devo fare?"

"Ascolta attentamente" disse Cipolla. "Ti ricordi il ragazzino che mi portò a casa sua quando ero tutta sola?"

"Sì, mi ricordo. Siete diventati buoni amici" rispose Piccolo Aglio.

"Proprio così. Ogni mattina, prima di andare a scuola, il mio amico mi portava nel giardino sul retro, così non sarei rimasta da sola in casa. Mi sedevo fuori sotto il sole ad ascoltare gli uccelli, a guardare gli scoiattoli che si rincorrevano, a godermi la dolcezza della brezza e sentire il profumo dei fiori. Mi piaceva molto stare all'aperto mentre aspettavo che il mio amico tornasse a casa.

"Un giorno, mentre stavo in giardino, una zucca rotolò e mi si fermò davanti. Mi chiese chi fossi e perché fossi tutta sola.

"Le risposi che in realtà non ero sola e che avevo un amico del cuore. Le spiegai che durante il mattino il mio amico andava a scuola e dopo, quando tornava a casa, passavamo insieme il resto della giornata.

"Zucca disse: 'Vedo che hai davvero un ottimo amico!'

"Io risposi: 'Sì, siamo migliori amici!'. Poi le raccontai della mia amicizia con il ragazzino.

"Le dissi che per me aveva portato a casa molti libri dalla biblioteca, con storie sulle mie origini, su antenati e parenti, simili a quelle che ti ho raccontato sulle tue origini, antenati e parenti.

"Dopo aver ascoltato con molta attenzione la mia storia, Zucca disse: 'Tutto questo va bene, ma non puoi startene seduta giorno dopo giorno senza scoprire chi sei veramente e da dove vieni. I libri sono buoni per imparare, ma non bastano mica per scoprire quanto sei unica.'

"Pensai tra me e me: 'Be', ma chi si crede di essere, dicendomi che non so chi sono? Che cosa sa di me?'. Mi sembrò strano. Poi pensai: 'E se sapesse qualcosa che io non so?'.

"Così le chiesi di spiegarmi di cosa stesse parlando. Zucca si mise a raccontare la sua storia, che iniziava più o meno come la nostra.

"Fu Zucca a parlarmi di Vento Magico e della Stella Segreta. All'inizio mi sembrò tutto parecchio strano ma poi, proseguendo nel mio viaggio, ho scoperto quanto quei due siano importanti.

"Ti ricordi quando venne il vento e ti portò qui, abbandonato a te stesso e senza conoscere nessuno? Era Vento Magico! E ti ricordi quanto eri spaventato e solo? Lo stesso Vento Magico che ha trasportato te ha portato qui anche me, proprio accanto a te!

"Non è stato un caso che Vento Magico mi abbia portata qui. Nossignore! La tua Stella Segreta sapeva quanto eri solo e infelice. Quando hai sentito di aver toccato il fondo hai chiamato aiuto, e la tua Stella Segreta ha suggerito a Vento Magico di portarmi da te.

"All'inizio del nostro viaggio, di Vento Magico non sappiamo molto. A volte gli diamo la colpa per averci portato in posti che non ci piacciono o in luoghi in cui non ci divertiamo. O magari abbiamo paura perché non sappiamo dove ci porterà.

"Ma capita anche che Vento Magico ci porti in posti che ci piacciono, dove ci divertiamo e ci sentiamo felici."

"Cipolla, andrei ovunque purché tu sia con me."

Cipolla fece una piccola pausa e disse: "Non importa quanto il nostro viaggio ci renda felici o infelici, dobbiamo sempre proseguire per trovare la vera felicità. Lo sai, perché?"

Piccolo Aglio disse: "Non lo so, ma voglio saperlo davvero! Ti prego, dimmelo."

"Dobbiamo proseguire con il nostro viaggio" rispose Cipolla, "perché la storia di ciascuno è unica: tutti abbiamo un dono speciale, un tesoro nascosto. Quando scopriamo questo dono, ci sentiamo completi, ci sentiamo interi, e non più soli, tristi o insicuri."

"Cosa significa 'insicuro', Cipolla?"

"Significa che dentro di noi non ci sentiamo in salvo. Che non siamo sicuri di chi siamo, di cosa diciamo e di quello che facciamo."

"Cipolla, deve essere meraviglioso non sentirsi insicuri!"

"È vero. Ma la maggior parte di noi, se non tutti, si sente insicura prima o poi. È importante non scoraggiarsi se ci sembra di non fare progressi. Ogni passo che facciamo lungo il cammino ci dà più forza. Per quanto possiamo sentirci male alcuni giorni, dobbiamo conservare la speranza di sentirci meglio e di scoprire il nostro dono speciale. Ricorda: mai perdere la speranza. Mai!"

"Grazie, Cipolla. Comincio a capire. Mi sforzerò di ricordare questa lezione importante."

"Sì, è una lezione importante" disse Cipolla con voce tenera, e continuò: "Sono contenta che tu stia prestando molta attenzione a ciò che dico. Il viaggio ci insegna molte, moltissime cose su noi stessi e su tutto ciò che incontriamo.

"Vento Magico sa dove portarci, ma noi dobbiamo

voler intraprendere davvero questo viaggio e avere un po' di fiducia in Vento Magico. Chi non desidera scoprire il proprio dono speciale non diventerà amico di Vento Magico e non conoscerà la propria Stella Segreta.

"Vedi, piccoletto, Vento Magico e Stella Segreta sono collegati! Lo capirai via via che procediamo nel viaggio. Qualsiasi cosa io ti dica su Vento Magico e sulla Stella Segreta non avrà molto senso per te ora.

"Ho dovuto intraprendere il mio viaggio per scoprirlo da sola. Lungo la strada ho incontrato molti amici meravigliosi. Ne ho anche incontrati alcuni non così gentili, ma da ognuno di loro ho imparato una lezione. È così che ho capito molte cose su di me e sugli altri."

"Cipolla, voglio proprio diventare amico di Vento Magico e scoprire la mia Stella Segreta."

Cipolla, con voce rassicurante, disse: "Ora che vuoi davvero conoscere Vento Magico e scoprire la tua Stella Segreta, tutto si risolverà. Sono abbastanza sicura che la Stella Segreta sappia cosa c'è nel tuo cuore.

"Questo è un nuovo giorno, sento Vento Magico

che viene verso di noi. Prima che arrivi, però, devi imparare ad aprire le tue sette ali e a cavalcarlo.

"Guarda come faccio io. È così che funziona. Concentrati sul tuo cuore, prendi un respiro profondo, spingi fuori l'aria e sentila passare attraverso i tuoi sette spicchi. Così sentirai aprirsi le ali traslucide attorno i tuoi spicchi. Sono queste le tue ali. Quando Vento Magico arriverà, sarai in grado di volare dolcemente con lui.

"Sei pronto?" domandò Cipolla.

"Le mie ali sono aperte, Cipolla. Questa è magia!"

"Ci siamo! Vediamo dove ci porterà Vento Magico, vediamo cosa impareremo oggi."

La storia di Fiore di Loto

Una mattina, mentre Piccolo Aglio e Cipolla erano in giro a godersi la grande varietà di fiori che li circondava, arrivò Vento Magico che li portò rapidamente lontano, vicino a una palude.

Piccolo Aglio notò qualcosa che non aveva mai visto prima.

"Cipolla, chi è questa bellezza con così tante ali? Che colori, che splendore, quanta grazia!"

Cipolla, che aveva viaggiato in lungo e in largo e conosceva quasi tutto, disse: "Perché non andiamo a chiederglielo?"

"Sono troppo timido; ho paura di chiedere; è così splendida. Puoi chiederglielo tu, per favore?"

"Va bene" disse Cipolla.

"Chiedo scusa, le dispiacerebbe dire il suo nome al

mio amico?" Per un attimo niente si mosse e nulla si sentì. C'era silenzio, un'immobilità totale.

Poi una voce gentile disse dolcemente: "Mi chiamano Fior di Loto". Piccolo Aglio, che si sforzava di vincere la timidezza, sbottò all'improvviso: "Come hai fatto a diventare così bella?".

Fior di Loto sospirò e con voce tenera rispose: "È la palude che mi ha reso bella!"

Piccolo Aglio, che non voleva sembrare scortese né intendeva offendere Fior di Loto, sussurrò a Cipolla: "Come può una palude sporca e puzzolente creare una tale bellezza?".

Fior di Loto, che aveva sentito il sussurro di Piccolo Aglio, disse: "Vieni qui vicino, ti racconterò la mia storia".

Piccolo Aglio esitava ad avvicinarsi, perché temeva che Fior di Loto avrebbe pensato che fosse puzzolente e quindi che non le piacesse. Tuttavia, pensò anche che se non avesse trovato il coraggio adesso, forse non avrebbe mai avuto un'altra occasione. Inoltre, doveva scoprire se Fior di Loto era come tanti altri che aveva incontrato. Poi pensò: 'Che importa se pensa che sono puzzolente? Significa solo che non mi conosce'. Così, alla fine, si fece coraggio a sufficienza: aprì le sue sette ali, chiuse gli occhi e volteggiò su se stesso finché non si trovò ai margini della palude, proprio vicino a Fior di Loto.

Quando aprì gli occhi, vide Fior di Loto che lo guardava stupita. "Come hai fatto? Che forte! È una magia?"

Piccolo Aglio rispose: "Mi ha insegnato Cipolla a farlo. Lei mi ha insegnato tutto quello che so. Prima di incontrarla ero bloccato in un posto e non avevo amici. Ma Cipolla mi ha insegnato a conoscere le mie ali, a usarle e a volare insieme a Vento Magico".

Fior di Loto rimase impressionata da ciò che aveva sentito.

Pensò alla propria esperienza con Vento Magico e decise che doveva esserci un motivo se Vento Magico aveva portato qui questo piccoletto.

Chiese: "Tu come ti chiami? E chi è Cipolla?".

Piccolo Aglio rispose: "Lei è la mia amica, Cipolla. Mi chiama 'piccoletto' e, a volte, Piccolo Aglio. Credo sia perché sono proprio piccolo".

"Sono lieta di conoscere entrambi."

Piccolo Aglio disse: "Non vorrei sembrare ignorante, ma non capisco come una palude sporca ti abbia reso così bella. Pensi di potermelo spiegare?".

"Certo. Se ti va, puoi saltare su uno dei miei petali, andremo in giro per la palude e ti racconterò la mia storia. Sempre che a Cipolla non dispiaccia restare sola per un po'."

Totalmente eccitato da questa opportunità, Piccolo Aglio disse: "Oh, sarebbe meraviglioso, sono sicuro che a Cipolla non dispiacerà, vero?". Cipolla sorrise e disse: "Certo che no, piccoletto. Vai e divertiti".

Allora Fior di Loto disse: "Va bene, salta su questo petalo. Io chiederò alle mie sorelle di venire qui, sventolare i loro petali e portarci in giro". Fece un segnale con i petali e tutte le sue sorelle vennero verso di loro, muovendo i loro petali in modo da creare piccole onde che portarono Fior di Loto e Piccolo Aglio in giro per la palude.

"Bene, ora che siamo in viaggio, ti racconterò un po' della mia storia. In questa antica terra dove sono nata, io sono considerata un fiore sacro. In realtà il loto è considerato un fiore sacro in molte culture."

"Fior di Loto, che cosa significa 'sacro'?"

"È un po' difficile da spiegare, ma ci proverò. Significa che qualcosa, o qualcuno, è considerato molto, molto speciale e meritevole d'amore e rispetto."

"Grazie, Fior di Loto."

"Ma figurati!"

Fior di Loto continuò con la propria storia: "Gli insegnanti portano qui i loro studenti per parlare di me, così che possano capire meglio il loro cammino spirituale. A volte vengo paragonata al sole, perché al calar della sera chiudo i miei petali e vado sotto l'acqua, e al mattino torno in superficie e riapro i miei petali, come l'alba e il tramonto, una nuova vita ogni giorno!

"Alcuni dicono che il loto rappresenta la purezza di cuore; un messaggio che le persone sagge amano dare ai loro studenti, in modo che possano saperne di più sulla bontà dei loro cuori."

Fior di Loto notò che Piccolo Aglio sembrava un po' perplesso e confuso.

"Non ti preoccupare se non capisci tutto quello che ti dico, per ora limitati ad ascoltare. Sono certa che, via via che procederai nel cammino, capirai ciò che ti sto raccontando."

Piccolo Aglio si sentì sollevato nel sentire che non doveva capire tutto quello che Fior di Loto stava dicendo, ma prestò molta attenzione, per essere sicuro di sentire tutto.

"Come dicevo, gli insegnanti usano la mia storia per parlare ai loro studenti dell'importanza di mantenere un cuore amorevole e gentile. Mostrano loro come sia possibile vivere una vita di bontà in condizioni molto difficili; dicono che è possibile cambiare tutte le cose brutte – proprio come la sporcizia della palude – e diventare amorevoli e belli."

"Questo è molto interessante, Fior di Loto, ma è difficile da capire."

"È vero" rispose lei con voce gentile e delicata. "Non preoccuparti. Con il passare del tempo tutto si chiarirà."

"Lo spero. Mi vuoi dire di più?"

Fior di Loto continuò: "Sento spesso parlare di

quanto sia difficile per gli esseri umani diventare amorevoli e buoni. Dicono di doverci lavorare ogni giorno, ma mi chiedo quanti di loro sarebbero disposti a rimanere anche solo per un giorno in questa palude piena di rifiuti dei villaggi circostanti che attira ogni tipo di insetti e mosche!"

Piccolo Aglio si intristì di fronte a ciò che Fior di Loto stava raccontando, e disse: "Mi dispiace molto sentire dei disagi che devi affrontare giorno dopo giorno".

Fior di Loto guardò con tenerezza Piccolo Aglio e disse: "Ciò che mi fa andare avanti è l'amore per il sole. Ogni mattina riaffioro da sotto l'acqua nella speranza di vedere il sole. Concentro su di lui tutta la mia attenzione, in modo che i miei petali e le mie foglie assorbano i suoi raggi benevoli. Questo mi fa sentire la bellezza della vita. Il sole tramonta, e io torno sott'acqua fino all'alba, ma poi riemergo. La speranza di vedere il sole mi fa andare avanti".

Fior di Loto si fermò per un minuto e poi continuò a raccontare la sua storia: "Non tutti i loti vivono nelle paludi. Alcuni vengono coltivati dagli esseri umani negli stagni per i loro benefici sulla salute, come il ringiovanimento e la chiarezza mentale".

Piccolo Aglio disse: "Cipolla mi ha parlato del ringiovanimento quando mi ha raccontato dei miei antenati. Quindi, anche tu hai questo potere!".

Fior di Loto ribatté: "Sono contenta che Cipolla abbia condiviso questo con te, così puoi apprezzare il dono che ti è stato dato.

"A dire il vero, i fiori di loto che vivono negli stagni non devono sopportare condizioni difficili come le nostre. Eppure, non sono certa che stiano meglio di noi. Noi, per sopportare la vita nella palude, alimentiamo quotidianamente l'amore e la speranza nel nostro cuore, altrimenti non avremmo la forza di superare le difficoltà."

"Questo è molto interessante, Fior di Loto. Ora capisco molto meglio ciò che Cipolla mi ha detto sulla speranza. 'Non smettere mai di avere speranza!' mi ha detto."

Con voce rassicurante, Fior di Loto rispose: "Sì, nella vita la speranza è davvero molto importante."

Poi, proseguì con la sua storia: "La gente dice che

il loto calma il cuore e fortifica la mente. Entrambi sono ingredienti importanti per il viaggio spirituale. Ci sono molte storie sui benefici del loto."

Piccolo Aglio si sforzò di capire quello che Fior di Loto stava dicendo, ma non sapeva niente di "purezza di cuore", "chiarezza mentale" e "viaggio spirituale". Questo era un vocabolario finora sconosciuto per lui, un mondo completamente nuovo.

"Che cos'è un viaggio spirituale, Fior di Loto? Cipolla e io stiamo facendo un viaggio."

"Ci sono diversi tipi di viaggio. Un viaggio spirituale ha a che fare con il tentativo di imparare a conoscere se stessi e a essere buoni, gentili e sinceri. Si può fare in diversi modi, anche andando da una parte all'altra e imparando a vedere bontà e bellezza in tutte le cose."

Fior di Loto si fermò per un momento, poi disse: "Vorrei farti una domanda. Tu lo sai che aspetto hai?".

"No, non lo so!" rispose Piccolo Aglio.

"Ti piacerebbe darti una sbirciatina?"

"Mi piacerebbe davvero, davvero tanto!"

"Va bene. Allora scivola su quest'altro petalo con

molta attenzione, piegati delicatamente in avanti e dai un'occhiata."

Piccolo Aglio fece esattamente come aveva detto Fior di Loto e guardò in basso, ma non riusciva a vedere molto chiaramente che aspetto avesse. Vedeva solo un'immagine sfocata. Ciononostante, fu un momento molto emozionante per lui; era la prima volta che si faceva un'idea del proprio aspetto.

Fior di Loto disse: "Sai, questo non è il tuo aspetto reale".

"No?" esclamò Piccolo Aglio.

"No, tu hai un aspetto molto diverso da questo. Non possiamo affidarci all'acqua torbida per vedere come siamo davvero. Io non dipendo da quest'acqua torbida per vedere me stessa."

"Fior di loto, tu non assomigli affatto a ciò che rispecchia quest'acqua. Non è così che ti vedo. Sei così bella!"

Guardando Piccolo Aglio nel modo più dolce possibile, Fior di Loto disse: "Hai detto una cosa molto importante. Io vedo la mia bellezza negli occhi di coloro che mi guardano con amore, proprio come hai fatto tu oggi. È l'amore nel mio cuore ciò che vedono coloro che mi guardano con amore!".

Piccolo Aglio era felice che Fior di Loto avesse capito come lui la vedeva.

"Oggi ho condiviso molte cose con te e so che hai molte domande. Sono certa che andando avanti nel tuo viaggio imparerai a conoscerti meglio, avrai una visione più chiara delle cose."

Fior di Loto notò che il sole stava tramontando e aggiunse gentilmente: "Si sta facendo tardi, torniamo indietro e non facciamo aspettare Cipolla."

Fece cenno alle sue sorelle loto di agitare i petali per portarli verso la terraferma, dove Cipolla stava pazientemente aspettando il loro ritorno.

"Prima di salutarci" riprese Fior di Loto con voce rassicurante, "voglio che tu sappia che sei molto speciale. Non permettere mai a nessuno di dirti che non lo sei. Proprio come me, hai un messaggio importante da condividere con gli altri."

Quando arrivarono dove Cipolla li stava aspettando, Fior di Loto disse: "È stato un vero piacere conoscerti. So che entrambi ricorderemo questo giorno e resteremo amici per sempre, anche se non ci vedremo più. Ricorda, le vere amicizie non finiscono mai.

"Il sole sta per tramontare ed è ora che io mi unisca alle mie sorelle loto per raggiungere il nostro posto speciale sott'acqua. Abbi cura di te. Addio, Piccolo Aglio!"

"Ti ricorderò sempre, Fior di Loto. Mi hai insegnato così tanto. Sei molto saggia e sei davvero una buona amica. Spero che un giorno anch'io avrò una storia speciale da condividere con qualcuno che ne ha davvero bisogno. Addio, Fior di Loto!"

Piccolo Aglio aprì le sue sette ali, vorticò su se stesso e raggiunse Cipolla sulla terraferma. Poi guardò Fior di Loto unirsi alle sue sorelle mentre tutte sparivano sotto la superficie dell'acqua.

"Ti sei divertito, piccoletto?"

"È stato così bello! Non so nemmeno come spiegarlo. Fior di Loto possiede molta saggezza, ma non sono certo di poterla spiegare. So solo che l'ho sentita. Lei ha detto che tutto diventerà chiaro via via che proseguirò il mio viaggio."

"Esatto, tutto diventerà chiaro. Si sta facendo buio, che ne dici di riposarci un po' dopo una giornata così emozionante e importante? Chissà, dove ci porterà Vento Magico domani."

Con voce eccitata, Piccolo Aglio raccontò: "Cipolla, ho intravisto il mio aspetto, ma non era affatto chiaro!".

Cipolla sorrise e chiese: "Come ci si sente?".

"È stato piuttosto sorprendente. Fior di Loto ha detto che, procedendo nel mio viaggio, sarò in grado di vedere me stesso molto meglio."

Cipolla disse: "Fior di Loto è davvero molto saggia".

"Va bene, Cipolla. Adesso sono pronto per una buona notte di riposo."

"Bene. Mettiti comodo, chiudi gli occhi e senti tutta la bellezza e la bontà che hai sperimentato oggi. Sentila nel tuo cuore e nelle tue ali. Riposa profondamente e sogni d'oro, piccoletto."

"Buonanotte, Cipolla. Sono pieno di bontà, speranza e amore. Grazie per essermi amica."

La storia di Rambutan

Non fu un caso che un bel giorno, dopo l'incontro con Fiore di Loto che aveva lasciato Piccolo Aglio sbalordito da tanta bellezza, Vento Magico portò lui e Cipolla in un luogo molto diverso. Il viaggio fu lungo; superarono montagne, fiumi, oceani e approdarono in un luogo che a Piccolo Aglio sembrò molto strano.

Guardandosi intorno si spaventò. "Cipolla! Cipolla! Cosa sono queste creature che mi circondano? Ho paura, sono così brutte. Ci faranno del male? Ce ne sono così tante!" esclamò Piccolo Aglio.

Cipolla sapeva perché Vento Magico li aveva portati lì. Sapeva che il suo piccolo amico doveva ancora imparare molte lezioni importanti che gli sarebbero tornate utili se avesse voluto scoprire il proprio tesoro speciale, e questa era una di esse.

"Non temere" lo rassicurò Cipolla. "Ricordi quello che ti ho detto quando ci siamo incontrati la prima volta? Che tutti, e intendo dire proprio tutti, hanno un dono speciale, una speciale ragion d'essere, e un segreto peculiare che può guidarci alla scoperta del nostro segreto?"

"Sì, Cipolla, me lo ricordo" rispose Piccolo Aglio.

"Bene! Quindi, se davvero vogliamo scoprirlo, è importante prestare attenzione a tutto ciò che ci circonda. Dobbiamo guardare queste creature e vedere chi sono davvero. Tutti hanno un dono, un messaggio straordinario per noi, ed è in modo straordinario che dobbiamo saperli guardare."

"Qual è questo modo?" volle sapere Piccolo Aglio.

Cipolla rispose: "Sono abbastanza sicura che Vento Magico ci abbia portato qui per un motivo, forse per sperimentare questo speciale modo di vedere".

"Cipolla, ti prego: spiegami tutto lentamente" disse Piccolo Aglio. "Non capisco cosa mi stai dicendo. Come possono queste cose brutte avere un dono speciale? Io non voglio stare vicino a loro."

Cipolla capì che questa sarebbe stata una lezione importante per la crescita del suo piccolo amico e, proprio in quel momento, sentirono una voce che diceva: "Scusate, posso presentarmi?".

Piccolo Aglio si spaventò ancora di più e si nascose dietro Cipolla.

"Non temere, piccolo. So che posso sembrare brutto, ma dentro di me sono bello e lucente e il mio profumo è dolce."

Piccolo Aglio non era sicuro di cosa fare, ma decise che, dato che Cipolla era con lui, avvicinarsi e ascoltare ciò che la creatura aveva da dire doveva essere sicuro.

La creatura disse: "Grazie per esserti fidato di me, piccolo. Il mio nome è Rambutan. Sai cosa significa?".

Piccolo Aglio rispose educatamente: "No, non lo so".

"Be', in questa parte del mondo la parola 'rambu' significa capelli e, come puoi vedere, io ne ho un mucchio! Siamo chiamati con nomi diversi in diverse parti del mondo ma qui, in questa bellissima terra lussureggiante, ci chiamiamo Rambutan.

"I miei antenati vivevano lontano da qui. Si dice che siano stati portati qui da persone che provenivano da terre remote, e che altre ancora li portarono in altri luoghi lontani.

"Siamo in tutto il mondo. Se siamo così brutti e spaventosi, perché la gente si preoccupa di portarci ovunque?"

Piccolo Aglio non sapeva cosa pensare né cosa rispondere. Sembrava solo perplesso e a disagio.

Rambutan, vedendo il disagio di Piccolo Aglio, disse: "Sai, piccolo mio, io e i miei amici siamo abituati a queste reazioni quando veniamo visti. Da piccoli, quando avevamo più o meno la tua età, la cosa ci dava fastidio, ma poi abbiamo imparato che il nostro aspetto è un dono. All'inizio sembriamo brutti e spaventosi, lo sappiamo, ma la nostra bellezza è dentro di noi e va scoperta. C'è un motivo se siamo come siamo. Forse, se te lo mostrassi, saresti in grado di capire".

Piccolo Aglio raccolse tutto il suo coraggio e disse: "Mi dispiace tanto per il modo in cui ho reagito. Ti sarei grato se me lo mostrassi, così potrei imparare".

"Molto bene, allora: sarò felice di mostrartelo" rispose Rambutan. Ormai tutti i rambutan si erano radunati lì attorno e osservavano con attenzione ciò che stava per accadere. Piccolo Aglio cercò di non mostrare alcun timore alla vista di tanti rambutan così vicini.

Rambutan si fece avanti e d'un tratto, repentino, aprì la copertura pelosa mettendo in mostra il suo bellissimo interno traslucido.

Piccolo Aglio fu stupito e sbalordito da quel che vide. Era in soggezione: non aveva mai visto nulla di simile prima di allora. Era come una finestra scintillante attraverso la quale si poteva vedere la luce pura. Era incredibile! Era meraviglioso!

"Allora, cosa ne pensi, piccolo?" chiese Rambutan.

Piccolo Aglio rimase in silenzio, si sentiva stordito. Aveva bisogno di tempo per capire cosa stava succedendo dentro di sé. Le lacrime presero a salire nei suoi occhi, e lui non riusciva a capire perché fosse così sopraffatto dall'emozione.

Cipolla invece sapeva cosa stava succedendo al suo

piccolo amico, e anche Rambutan poteva percepire lo sconvolgimento che stava avvenendo in Piccolo Aglio.

Per dargli il tempo di raccogliersi, Rambutan continuò: "Un giorno, quando eravamo molto giovani – giovani come te – ed eravamo ancora attaccati al nostro albero madre, una coppia di estranei ci si avvicinò. Continuavano a guardare in alto, noi eravamo tutti appesi a rami diversi. Uno dei due disse: 'Guarda cosa abbiamo trovato! Ce ne sono così tanti che, se aspettiamo quanto basta perché maturino, potremo portarli al mercato e venderli a un buon prezzo'. L'altro acconsentì: 'Restiamo qui finché non sarà il momento di raccoglierli'.

"Non sapevamo esattamente cosa stessero dicendo, ma tutti capimmo che ci avrebbero portati via dall'albero madre. Eravamo spaventati, non sapevamo cosa fare. Sentivamo la tristezza del nostro albero madre, una tristezza enorme che assalì anche noi. Ci sembrava che la nostra famiglia felice stesse per essere divisa e che i nostri giorni spensierati stessero per finire.

"Passò molto tempo e i due estranei rimasero vicino

a noi. Ogni giorno ci ispezionavano per vedere se fossimo pronti per essere raccolti. Poi, a un certo punto, uno di loro disse: 'Credo che oggi sia il giorno giusto. Se aspettiamo ancora matureranno troppo e non potremo venderli a un buon prezzo. Cominciamo a raccoglierli'. L'altro rispose: 'Io credo che non siano ancora pronti, ma penso che tu te ne intenda di più'.

"I nostri cuori sprofondarono; chiudemmo gli occhi e ci aggrappammo al nostro albero madre, spaventati per quello che stava per accadere. Ma all'improvviso, con nostro grande stupore, un vento forte soffiò verso di noi. Un vento così potente da sollevare i due estranei e scaraventarli lontano da noi. I due si spaventarono a tal punto che scapparono per non tornare mai più. Non appena gli estranei erano fuggiti, il vento cessò. Eravamo così grati e raggianti di essere al sicuro che scoppiammo in lacrime tutti insieme".

Piccolo Aglio domandò con innocenza: "È stato Vento Magico a salvarvi?".

Cipolla era orgogliosa della domanda di Piccolo Aglio. Rambutan rispose: "Sì, è così, ma all'epoca non sapevamo niente di Vento Magico. Abbiamo sentito parlare di lui solo più tardi".

Piccolo Aglio chiese: "Come avete saputo di Vento Magico? L'avete saputo da Cipolla? Lei me ne ha parlato quando ci siamo conosciuti".

Rambutan sorrise e disse: "Be', tutti vengono a conoscenza di Vento Magico in modo speciale. Dopo che gli stranieri erano scappati, il nostro albero madre ci parlò di Vento Magico e di come fosse venuto a salvarci. Disse anche che quando saremmo stati pronti a vivere la nostra vita e a separarci da lei, Vento Magico sarebbe tornato ad aiutarci. In quel momento non capimmo bene cosa volesse dire, ma l'ascoltammo con grande attenzione.

"E così, un giorno, quando eravamo ancora sull'albero, sentimmo soffiare un vento che scuoteva i rami. Cademmo tutti a terra, non sapevamo cosa fare. Uno dei miei fratelli disse: 'Vi ricordate che madre albero ci aveva detto che quando saremmo stati pronti a vivere per conto nostro, Vento Magico sarebbe tornato per aiutarci?'.

"Be', avevamo capito che un giorno saremmo dovuti stare per conto nostro, ma non sapevamo cosa avremmo dovuto fare una volta separati dal nostro albero madre.

"Così, rimanemmo da soli sul terreno vicino al nostro albero, un giorno dopo l'altro, fino a quando arrivò un gruppo di persone che si sedette lì vicino.

Una di loro, che sembrava molto più grande degli altri, disse: 'Siamo arrivati a un punto importante del nostro viaggio. Qualcuno di voi sa perché è importante?'.

"Ognuno dei giovani disse qualcosa, tutti cercavano di sembrare intelligenti. A quel punto la più grande, che abbiamo scoperto essere la loro insegnante, ci indicò e chiese: 'A qualcuno di voi piacerebbe assomigliare a loro?'. Tutti risposero che eravamo brutti e che mai e poi mai avrebbero voluto assomigliarci.

"L'insegnante domandò: 'Ricordate quando vi siete alleati per prendere in giro un vostro compagno che dicevate essere brutto? È il motivo per cui oggi siamo qui. Chiederò a uno di questi piccolini di farsi avanti per mostrarvi quanto tutto e tutti siano speciali'."

Rambutan proseguì: "Io ero curioso di scoprirlo, così mi feci avanti, offrendomi volontario. L'insegnante mi indicò e disse che, dentro di me, si nascondeva un tesoro. Si avvicinò sempre di più, finché non mi fu davanti, e infine mi chiese se avessi mai visto quello che c'era dentro di me.

Non avevo idea di cosa stesse dicendo e risposi: 'No, non l'ho visto'.

"'Allora posso mostrartelo?' chiese lei.

"'Sì' accettai con impazienza.

"Con un rapido movimento della mano, come in un vortice di vento, il mio petto si aprì e si spaccò in due, ed eccolo lì: un bellissimo cuore brillante attraversato dalla luce! Gli occhi dei ragazzini erano incollati su di me, nessuno diceva una parola.

"Passarono alcuni momenti, poi l'insegnante chiese loro se avessero capito il motivo per cui si trovavano lì. I bambini si guardarono l'un l'altro, poi uno disse che si vergognava di essere stato tanto cattivo con quel loro compagno di classe, quello che chiamavano 'brutto'. Gli altri bambini furono d'accordo e dissero che questa era una importante lezione per loro.

"L'insegnante chiese allora: 'Chi di voi può dire con certezza di avere un interno così bello e lucente?'

Tutti i bambini abbassarono la testa e non spiccicarono parola. L'insegnante aggiunse: 'Molto bene, ora che avete appreso questa importante lezione dovrete fare attenzione e, d'ora in avanti, trattare con rispetto ogni cosa e ogni persona. C'è un modo per sapere se siete sulla strada giusta, ed è chiedersi: 'Come voglio essere trattato?'. Nel trattare tutte le cose con rispetto, coltiverete dentro di voi il seme della bontà. Allora il vostro cuore sarà lucente e bello come quello di Rambutan'."

Rambutan guardò Piccolo Aglio con un sorriso e disse: "Se non fosse stato per quell'insegnante, non avremmo scoperto il nostro tesoro. Quell'insegnante ci ha mostrato come vedere e valorizzare noi stessi. Chissà: se lei non mi avesse aperto il petto, ogni volta che qualcuno avrebbe detto che eravamo brutti ci avremmo creduto. Quello che l'insegnante ha tras messo ai suoi studenti ci ha fatto capire che avevamo uno scopo speciale nella vita. Da allora, molti insegnanti hanno portato qui i loro studenti per insegnare loro questa lezione".

Piccolo Aglio aveva seguito con attenzione il racconto di Rambutan. Capì perché era stato sopraffatto da tante emozioni e disse: "Mi vergogno di me stesso per aver detto che eri brutto, io avrei dovuto saperlo meglio. Prima di incontrare Cipolla pensavo di non essere importante perché tutti mi chiamavano 'Puzzone' e nessuno voleva starmi vicino. Cipolla mi ha insegnato come guardare le cose in modo da poterne vedere il dono speciale e lo scopo. Ma non avevo ancora imparato questa lezione. Mi dispiace molto per essere stato così scortese e insensibile".

"Non ti preoccupare" rispose Rambutan gentilmente. "Questo era un promemoria importante; inoltre, ci vuole tempo per apprendere queste cose. Le lezioni importanti a volte ci arrivano attraverso esperienze dolorose. Sei ancora molto giovane, ma vedo che hai un cuore tenero e che desideri imparare."

Piccolo Aglio disse: "Rambutan, grazie di essere tanto gentile, e grazie per aver condiviso la tua storia. Mi ha davvero aiutato a ricordare come mi sentivo prima di incontrare Cipolla".

"Non c'è di che, piccolo mio. So che imparerai molto nel tuo viaggio."

Rambutan guardò il cielo, poi Piccolo Aglio e Cipolla, e disse: "Si sta facendo buio, volete riposare qui per la notte?".

Con gratitudine, Cipolla e Piccolo Aglio accettarono l'invito, ringraziarono Rambutan e i suoi fratelli per la gentile ospitalità, e augurarono loro la buonanotte.

Quando furono soli, Cipolla chiese a Piccolo Aglio come si sentiva.

Piccolo Aglio disse: "Adesso molto meglio, ma a un certo punto mi sono sentito malissimo. Ero davvero imbarazzato e mi vergognavo del mio comportamento. È stato un giorno che, credo, ricorderò per sempre. Avevi ragione: Vento Magico aveva in mente una grande lezione per me da imparare!".

"Credo proprio di sì" concordò Cipolla. "L'importante è che hai imparato qualcosa che ti accompagnerà ovunque andrai e qualunque cosa vedrai. Come ha detto Rambutan, talvolta le lezioni importanti si imparano attraverso esperienze dolorose, e altre volte attraverso quelle belle, come quando hai visto lo splendido cuore lucente di Rambutan."

"Sì, è stato emozionante, un'esperienza magica!" esclamò Piccolo Aglio.

"Si sta facendo tardi, che ne pensi di una bella dormita?"

Piccolo Aglio rispose: "Mi piacerebbe, ma prima posso farti una domanda?".

"Certo, non c'è problema" disse Cipolla.

"Sai, Cipolla, quando Rambutan ha aperto il suo petto è stato bellissimo e, come aveva promesso, dal suo cuore è uscito un profumo dolce. È stato davvero speciale. È forse il suo mantello brutto e ruvido a proteggere l'interno da eventuali danni?"

"È proprio così, piccoletto, lo protegge dai danni. Quel cuore lucente è così fragile che, se fosse esposto a lungo, non durerebbe nemmeno un giorno. Sono così orgogliosa di te per averci riflettuto a fondo."

"Grazie, Cipolla. Spero di non averti messa in imbarazzo oggi."

"Certo che no. Io so cosa c'è nel tuo cuore. Queste sono tutte esperienze di vita."

"Grazie, Cipolla."

"Buonanotte, piccoletto. Sogni d'oro."

"Buonanotte, Cipolla. Grazie per essere mia amica."

La storia del bruco

Un giorno, Cipolla e Piccolo Aglio se ne stavano vicino a un ruscello dove crescevano fiori selvatici, quando lui notò qualcosa di parecchio bello che volteggiava nell'aria, passava da un fiore all'altro e poi girava di nuovo intorno a loro. Piccolo Aglio non riusciva a capire che cosa fosse, così disse: "Cipolla, guarda! Guarda! Cos'è che vola?".

Cipolla sorrise: "È una farfalla!" disse.

Piccolo Aglio sembrava perplesso. Non riusciva a capire come facesse quella cosa a volare quando e dove voleva, mentre invece loro dovevano aspettare che fosse Vento Magico a portarli da un posto all'altro.

Cipolla si rese conto che Piccolo Aglio non poteva sapere com'è che una farfalla diventa una farfalla, e pensò che quello fosse un buon momento per condividere con lui la storia del bruco. "Be', piccoletto, mentre aspettiamo che Vento Magico ci porti alla nostra prossima destinazione, ti racconterò una storia che, credo, troverai interessante.

"Un giorno, mentre stavo aspettando Vento Magico, notai qualcosa di piccolo, magro e lungo che strisciava sul terreno accidentato, e aveva tutta l'aria di fare un bel po' di fatica. Mi preoccupai, e chiesi se avesse bisogno d'aiuto. Gli spiegai che poteva salire su una delle mie ali di cipolla e venire con me ovunque Vento Magico ci avrebbe portato, senza dover strisciare per terra.

"La creatura strisciante mi guardò piuttosto sorpresa, e disse: 'Sarebbe meraviglioso. Avrei solo bisogno di andare in un posto in cui possa mangiare foglie o altre cose in modo da poter volare.' Rimasi perplessa e pensai, tra me e me: 'Che razza di storia è mai questa? Come si può volare mangiando solo foglie o cose simili?' Per me non aveva alcun senso. Ma siccome non volevo sembrare scortese, mi limitai ad ascoltare finché la creatura non finì la sua storia.

"Piccoletto, questa è una storia molto lunga e insolita. Vuoi sentirla lo stesso?"

Piccolo Aglio rispose impaziente: "Sì, tantissimo!

Voglio sapere come si vola!".

"Va bene, piccoletto. Sarò lieto di condividerla con te."

"Grazie, Cipolla. Non vedo l'ora!"

"Ecco come la piccola creatura iniziò la sua storia: 'Prima di diventare come mi vedi oggi, io ero un piccolo uovo. Mi hanno detto che la mia mamma era una farfalla e, per tenerci al sicuro, ha messo tutte le sue uova su un grande albero con tanti rami e tante foglie. Sapeva che quello era un posto sicuro per noi e che avremmo potuto mangiare e mangiare e poi crescere per diventare proprio come lei. Ebbene, noi eravamo un mucchio di piccole uova. Qualche tempo dopo ci schiudemmo e diventammo bruchi. Mangiavamo e mangiavamo e, lentamente, crescevamo e crescevamo. Ci assomigliavamo tutti!

"'Poi, un giorno, un vento impetuoso scosse il ramo e la foglia su cui stavamo tutti insieme. Io non riuscii ad tenermi alla foglia e caddi a terra. Ero tutto solo. Per quanto i miei fratelli e le mie sorelle si sforzassero, non erano in grado di aiutarmi a risalire da loro. Non sapevo cosa fare. Ero solo, affamato e pieno di paura. Avevo sempre più fame.

"'Non pensavo che qualcuno mi avrebbe mai notato o che si sarebbe preoccupato di quello che mi era successo. Così, presi a strisciare e a strisciare. Di tanto in tanto, vedevo una bellissima farfalla che svolazzava intorno a me, e mi chiedevo se fosse mia madre che mi dava un messaggio. Il solo pensiero che fosse lei mi dava sufficiente speranza per continuare a strisciare per terra giorno dopo giorno.

"'Poi, quando avevo perso ogni speranza, all'improvviso sei apparsa tu. Non pensavo che qualcuno si sarebbe mai offerto di aiutarmi, ma ora mi sento così fortunato! Tu mi aiuterai. Non mi sento più solo e spaventato. Sei così gentile e premurosa. Possiamo essere amici per sempre?'

"'Sì, certo!' risposi.

"Così, proprio mentre quella creatura strisciava sulla mia ala di Cipolla, Vento Magico arrivò e ci portò in uno splendido campo dove la creaturina atterrò su un grande cespuglio con foglie enormi, dove poté mangiare e mangiare a suo piacimento.

"Dopo diversi giorni, scivolò giù per il cespuglio e mi si avvicinò, poi mi sussurrò all'orecchio che stava per dirmi un segreto. Disse: 'Ora tornerò su quel cespuglio e resterò su quella grande foglia per un po' di tempo. Sto per tessere una crisalide, un rivestimento intorno a me, e ci resterò fino a quando non sarò pronto per quello che verrà dopo'. E, a quel punto, mi chiese un favore speciale."

"Qual era il favore speciale?" domandò Piccolo Aglio.

"La piccola creatura mi chiese di essere paziente e di aspettare il suo ritorno. Poi aggiunse: 'Quando tornerò non mi riconoscerai, ma non dimenticare la nostra promessa di essere amici per sempre!' Non capivo cosa significasse tutto questo, ma glielo promisi.

"Passarono molti giorni e molte notti e io non dormii per vegliare sulla piccola creatura e sulla crisalide che stava tessendo. Un giorno, però, caddi addormentata e quando mi svegliai non vidi la crisalide. Mi spaventai, pensando che fosse successo qualcosa di brutto al mio piccolo amico, e poi presi a rimproverarmi e a sentirmi in colpa per non essere stata una buona amica. Pensavo di averlo deluso. All'improvviso, però, vidi questa splendida farfalla dalle ali colorate che mi danzava intorno. Ammiravo la bellezza e la grazia con cui si muoveva quando sentii una vocina dolce sussurrare: 'Sono io, il piccolo amico che hai aiutato, quello che prima strisciava'.

"Non potevo credere ai miei occhi. Stupefatta, chiesi: 'Il mio piccolo amico che strisciava? Sei davvero tu?'.

"'Sì' rispose lui, 'è così che ero – un esserino che strisciava e non riusciva a vedere niente se non quello che aveva davanti. Guardami adesso: sono libero. È così che dovevo essere. Ho le ali e posso volare nei cieli e vedere un mucchio di cose. Tutte le difficoltà che ho sopportato sono valse la libertà che ho adesso. Ma se un giorno dovessi occuparmi di altre cose, non voglio che dimentichi che ci siamo promessi di essere amici per sempre. Ovunque sarai, sappi che io sarò con te.'

"Vedi, piccoletto, la farfalla di cui mi hai chiesto è la stessa creaturina che un tempo strisciava.

Ovunque io andrò, lei verrà con me, fino a quando non arriverà il momento per lei di crearsi una famiglia. Ho la vaga sensazione che questa sia la sua danza d'addio. Voleva che tu conoscessi la sua storia, che sapessi che tutti i suoi sacrifici sono stati ripagati perché non ha mai perso la speranza. Voleva proprio che tu lo sapessi."

"Sono felice che abbia voluto farmi conoscere la sua storia" disse Piccolo Aglio, profondamente commosso. "È una storia così bella. La ricorderò sempre."

"Non ho dubbi" rispose Cipolla. "La sua storia ci ricorda che tutto ciò che vediamo ha un messaggio speciale per noi."

Piccolo Aglio disse: "Ho molte domande".

"Certo che ne hai. C'è molto mistero nella storia del bruco, e sono sicura che scoprirai il mistero durante il tuo viaggio.

"Abbiamo trascorso una giornata meravigliosa, ma si sta facendo buio, e pare che Vento Magico non sia in arrivo. Andiamo a riposare e prepariamoci per ciò che ci riserverà il domani. Chiudi gli occhi e lascia che la storia di speranza della bella farfalla riempia il tuo cuore. Domani potrai farmi tutte le domande che vorrai. Sogni d'oro, piccoletto."

"Buonanotte, Cipolla. Grazie per aver condiviso questa bella storia di speranza, e grazie di essere mia amica."

La storia di Campanella

Era mattino presto, Cipolla era già sveglia da un po', in attesa che Piccolo Aglio si svegliasse. Stava pensando di condividere con lui una storia dei viaggi che aveva fatto con Zucca.

Piccolo Aglio aprì gli occhi e vide che Cipolla era sveglia. "Buongiorno, Cipolla."

"Buongiorno, piccoletto. Come hai dormito?"

"Ho dormito davvero bene. Credo di aver fatto molti sogni."

"Ne ricordi qualcuno?"

"So che riguardavano dei segreti, ma non riesco a ricordare."

Cipolla si chiese se Stella Segreta fosse entrata in qualche modo nei sogni di Piccolo Aglio.

Era probabile che se avesse condiviso con lui la

storia di Campanella, forse il piccoletto sarebbe riuscito a ricordarsi il suo sogno.

"Sai, piccoletto, c'è un segreto che pochissimi umani hanno scoperto. La maggior parte di essi nemmeno sospetta che la cosa riguardi anche a loro."

"Qual è questo segreto, Cipolla?"

"La storia che sto per raccontarti è molto speciale. Ti piacerebbe ascoltarla?"

"Sì, Cipolla. Mi piacerebbe molto."

"Perché non ci sediamo qui, in questo splendido campo di fiori? Possiamo ammirare la loro bellezza e vedere come i raggi del sole li accarezzano dolcemente, preparandoli per il giorno.

"Una volta, durante i miei viaggi con Zucca, Vento Magico ci portò in un villaggio in cui tutti gli abitanti si erano radunati davanti a un fiore, una tenera campanella. Sembravano molto tristi.

"Mentre eravamo lì a guardare, un bambino si fermò e chiese loro perché fossero così tristi.

"Uno degli abitanti del villaggio rispose che era perché erano giorni che il loro amato fiore non apriva i petali; temevano che la campanella fosse malata o, peggio ancora, che fosse morta.

"'Io sono un suo buon amico' fece il bambino, 'parliamo sempre insieme e ci confidiamo i nostri segreti. Per favore, lasciatemi passare, così potrò andare a parlarci e vedere cosa succede.'

"A quelle parole, la folla si spostò per permettere al ragazzino di avvicinarsi alla campanella.

"Con grande sgomento, vide che la sua amica sembrava molto malata. Non l'aveva mai vista così, non poteva credere ai suoi occhi. Si avvicinò ancora di più e le mise un orecchio vicino. Vedendola così triste, iniziò a piangere e a sussurrarle: 'Campanella? Campanella, cosa ti è successo? Svegliati, svegliati, ti prego. Sono io, il tuo amico'.

"Non si sentì una parola. Neanche un sussurro.

"Il bambino non smetteva di piangere e nessuno riuscì a calmarlo o a confortarlo.

"A quel punto si era fatto buio e gli abitanti del villaggio erano tornati a casa, ma il ragazzino non si mosse e rimase vicino a Campanella, con le lacrime che gli scendevano lungo il viso, sussurrando alla sua amica parole affettuose.

"Sopra di loro, il cielo si illuminava di stelle. Il ragazzino era tristissimo, avrebbe voluto poter fare di più per confortare la sua amica. Mentre guardava Venere che brillava nel cielo, cominciò a pregare molto intensamente per la sua amica. Pregò tutta la notte.

"Poi, finalmente, arrivò l'alba: il primo bagliore del sole apparve all'orizzonte.

"Con grande sorpresa del bambino, Campanella prese ad agitarsi lievemente. Il bambino vide la sua amica che, lentamente, tornava in vita. Non riuscì a contenere la gioia. Avvicinò la testa a Campanella e le disse di non aver mai pregato così tanto in vita sua, nemmeno per se stesso! Le disse che era così felice che le sue preghiere fossero state esaudite e che questo era il più bel regalo mai ricevuto.

"Campanella allora sussurrò nell'orecchio dell'amico quello che le era successo e come fosse tornata in vita, e lui l'ascoltò con molta attenzione. Il sole stava diventando sempre più luminoso e Campanella, un po' alla volta, rifiorì. Tutti i suoi petali erano ormai aperti. Era iniziato un nuovo giorno e tutta la tristezza si era dissolta.

"Quando Campanella ebbe finito di sussurrare la propria storia, il bambino le disse: 'Mi dispiace tanto di non aver condiviso la tua tristezza. Ero malato e sono dovuto rimanere a letto. Appena mi sono rimesso, però, sono venuto a cercarti.'

"Campanella, con la voce più dolce e tenera, disse all'amico: 'Capisco. L'importante è che tu sia venuto e che tu non ti sia dimenticato di me. Se non fosse stato per il tuo amore e per le tue preghiere non so cosa mi sarebbe successo, ma so che c'è una grande lezione in quello che è accaduto.'

"Ormai gli abitanti del villaggio si erano riuniti per vedere come stava il loro amato fiore. Con grande stupore videro che Campanella era graziosa e splendente come mai prima di allora. Al ragazzino, che era ancora in piedi accanto al fiore, dissero: 'Che cosa è successo qui? È un miracolo!'

"Il ragazzino, che aveva vegliato e pregato tutta la notte, iniziò a raccontare ciò che Campanella gli aveva sussurrato all'orecchio.

"Disse: 'Vedete, Campanella vive per il sole. Ogni mattina, con la prima dolce luce, si sveglia e apre i petali per abbracciare i raggi del sole, da cui si sente avvolta per tutta la giornata. Al tramonto torna a chiudersi e aspetta nella speranza che l'indomani i primi raggi del sole abbraccino di nuovo i suoi petali.

"Quando il cielo restò grigio a lungo, senza far filtrare il sole, giorno dopo giorno Campanella diventava sempre più triste, i suoi petali non si aprivano più per abbracciarlo. Nessuno era a conoscenza della tristezza di Campanella, e nessuno sapeva che molte lacrime si accumulavano nel suo cuore per non essere stata in grado di aprire i propri petali. Il suo amore per il sole era così grande che quando lui non splendeva per molti giorni, le lacrime sostituivano tutta la speranza che aveva nel cuore.'

"Campanella aveva detto al bambino che ciò che l'aveva riportata in vita era il potere del suo amore e delle preghiere per lei. Sentì così tanto il potere dell'amore di quel bambino, che le lacrime che le si erano accumulate nel cuore, pian piano si sciolsero, e presto fu di nuovo in grado di aprire i petali ai primi raggi del sole."

"Piccolo Aglio commentò: "Sembra una magia!".

"Be', è qualcosa di simile alla magia" rispose Cipolla con un sorriso. "È grazie a Fragola, se Zucca e io abbiamo potuto capire la storia di Campanella."

Piccolo Aglio, con voce perplessa, domandò: "Chi è Fragola?".

"Un giorno o l'altro ti parlerò di lei. Fragola ha dato a me e a Zucca molte perle di saggezza. Ci ha insegnato il vero amore, ed è così che ho potuto capire l'amicizia tra Campanella e il ragazzino."

"Credo di capirlo anch'io, Cipolla" disse Piccolo Aglio. "La sua storia mi è piaciuta molto."

"Mi fa piacere" rispose Cipolla. "È una storia importante sull'amore, sull'amicizia e sulla preghiera. Riesci a vedere come è tutto collegato?"

Piccolo Aglio ci pensò a lungo. Poi disse: "Be', Campanella amava così tanto il sole che non poteva vivere senza. Il bambino amava così tanto Campanella, da riversare tutto il suo amore nelle preghiere per riportarla in vita. È così che sono tutti collegati, non è vero?".

"È proprio così!" disse Cipolla. "Sono molto orgogliosa di te!"

"Ho una domanda, Cipolla. Il bambino amava forse Campanella per la sua bellezza?"

"Questa è una domanda eccellente. Non so cosa ci fosse nel cuore del ragazzino, ma può darsi che all'inizio la bellezza di Campanella abbia fatto sì che il bambino la notasse, ma poi hanno condiviso una profonda amicizia che si è trasformata in amore.

"Ci sono diversi tipi di amore. Continuando il nostro viaggio, lo scoprirai da solo."

"Grazie, Cipolla. Comincio a capire quello che dici. Immagino che il ragazzino fosse così devoto a Campanella che avrebbe fatto di tutto per riportarla in vita!"

"È vero" disse Cipolla.

"Come faceva il ragazzino a sapere come si prega?" disse Piccolo Aglio.

Cipolla rispose: "Stai davvero facendo domande importanti! Sono così orgogliosa di te. Questa è una domanda a cui è piuttosto difficile dare una risposta, ma vediamo se ci riesco.

"La vera preghiera viene dal nostro cuore. Quando qualcuno è molto importante per noi e ha bisogno di aiuto, se preghiamo dal fondo del nostro cuore, la richiesta di aiuto è così forte che riceviamo una risposta.

"Questa è solo una delle spiegazioni. La preghiera viene spiegata in tanti modi diversi dalle persone di tutto il mondo.

"Tu hai una preghiera nel cuore, piccoletto?"

Piccolo Aglio rimase in silenzio per qualche istante, poi disse: "Sì, Cipolla. Ho appena ricordato il mio sogno! Stella Segreta mi ha detto come pregare con il cuore".

"È meraviglioso!" esclamò Cipolla, felice che la storia di Campanella avesse aiutato Piccolo Aglio a ricordare il proprio sogno. "Forse è meglio che tu non mi racconti ciò che ti ha detto Stella Segreta."

"Va bene, Cipolla. So che hai sempre una buona ragione per quello che dici."

"E ora, visto che è giunta la fine della giornata, che ne pensi di dire una preghiera?" chiese Cipolla.

"È un ottimo modo per concludere la giornata, Cipolla. Grazie per averla proposta."

"Allora chiudiamo gli occhi, concentriamoci nel

profondo dei nostri cuori e diciamo una preghiera."

Piccolo Aglio rispose: "Va bene, Cipolla".

Dopo che ebbero recitato in silenzio le loro preghiere, Piccolo Aglio guardò Cipolla e disse: "È stato meraviglioso! Ho pregato esattamente come mi ha detto Stella Segreta e ho sentito un formicolio nel cuore. È stata una bella sensazione!".

"Ottimo, piccoletto" disse Cipolla, soddisfatta.

"Ora riposiamo bene, così saremo pronti per la nostra prossima avventura.

Mettiti comodo, rilassa tutte le tue ali e apri il tuo cuore alla luce delle stelle. Sentila mentre ti avvolge dolcemente e ti protegge. Senti nei tuoi occhi e nel tuo cuore l'amore delle stelle. Riposa dolcemente, piccolino. Sogni d'oro."

"Buonanotte, Cipolla. Grazie per aver condiviso la storia di Campanella e del bambino. Grazie per essere mia amica. Mi sveglio ogni mattino pieno di speranza, perché sei mia amica."

La storia di Fragola

"Cipolla, dove pensi che ci porterà oggi Vento Magico?"

"È un mistero quando Vento Magico si presenterà; è un mistero dove ci porterà e perché ci porterà là dove ci porterà. Dopo tutti questi anni, io ancora non lo so. Ma so per certo che c'è sempre una lezione da imparare!

"Mentre aspettiamo Vento Magico, ti piacerebbe conoscere la storia di uno dei miei viaggi con Zucca? Ti ricordi di lei?".

Piccolo Aglio rispose: "Mi hai raccontato solo un po' di Zucca e di come l'hai conosciuta. Mi hai detto che voleva che tu viaggiassi con lei alla scoperta di chi fossi. Puoi dirmi cosa è successo a Zucca e al ragazzino che era il tuo migliore amico?"

"Lo farò. È una lunga storia e ti dirò delle mie esperienze con Zucca durante il viaggio. Va bene se ora ti racconto di Fragola e conservo la storia di Zucca e del bambino per un altro momento?"

Piccolo Aglio disse: "Va bene, ma per favore non dimenticartene. Vorrei tanto sapere cosa è successo al bambino che era tuo amico e dei tuoi viaggi con Zucca. Qual è la storia di Fragola?"

Cipolla cominciò a raccontare a Piccolo Aglio come, durante i suoi viaggi con Zucca, Vento Magico le avesse portate in un campo di fragole.

"Sai, piccoletto, durante i miei viaggi con Zucca siamo andate in molti paesi, abbiamo visto un mucchio di cose incredibili e tanti tipi di persone. Non sono mai riuscita a capire perché le persone si odino, si feriscano o si uccidano a vicenda. Era così strano sentire parlare di tutti i combattimenti che erano andati avanti per tanto tempo.

"Un giorno chiesi a Zucca se sapesse perché le persone erano così. Zucca mi rispose che durante il proprio viaggio aveva scoperto il motivo, e poi aggiunse: 'Ora che vuoi davvero conoscere la ragione di tutto l'odio e dei conflitti del mondo, Cipolla, ti racconterò quello che un uomo molto saggio ha raccontato a me'.

"Il saggio aveva detto a Zucca che ogni sera, prima di andare a letto, avrebbe dovuto concentrarsi nel suo cuore e chiedere a Stella Segreta di guidarla. Avrebbe dovuto farlo ogni sera finché non avesse ricevuto una risposta.

"Zucca era sicura che, se avessi messo in pratica esattamente ciò che il saggio aveva detto a lei, anch'io avrei ricevuto una risposta. E io feci quello che mi aveva detto, esattamente.

"Sette giorni dopo arrivò Vento Magico e ci portò in un posto lontano. Dall'alto, potevo vedere un sacco di puntini rossi in un campo verde. Non avevo mai visto niente di simile.

"Vento Magico rallentò e noi atterrammo vicino a ciò che, come ho scoperto poi, era un campo di fragole. Era una giornata così bella, tutto scintillava alla luce del sole, soprattutto le fragole rosse.

Chiesi a Zucca perché Vento Magico ci avesse portato lì. Prima che Zucca potesse rispondere, sentimmo una voce dolce e sottile che diceva: 'Conosco la ragione. Vento Magico ha portato qui anche altri'."

Cipolla sorrise e continuò: "Be', puoi immaginare la sorpresa di sentire all'improvviso, dal nulla, una voce angelica. Mi sono guardata intorno e ho visto questo adorabile cuore rosso brillante con quelle che sembravano delle ali verdi in cima alla testa.

"La voce disse: 'Io sono Cuordolce. Cuordolce di nome e Fragola di cognome.'

"Le dissi goffamente che avevo piacere di conoscerla e mi presentai.

"Lei continuò: 'Sai perché mi chiamo Cuordolce?'.

"Il suo nome mi piaceva molto, credo di essermi affezionata a lei nell'istante in cui la vidi. Non avevo idea del perché si chiamasse Cuordolce e scusandomi dissi che non lo sapevo, ma che mi sarebbe piaciuto saperlo.

"Prima di raccontarci la sua storia, fece molte domande. Volle sapere da quanto tempo viaggiavo con Zucca, da quanto tempo conoscevo Vento Magico e se avessi scoperto Stella Segreta. Le raccontai la mia storia. Poi mi chiese se avessi posto una domanda a Stella Segreta.

"Ammisi di sì, e lei rispose che sapeva che Stella Segreta mi aveva guidato da lei per trovare la risposta."

All'improvviso, con voce eccitata, Piccolo Aglio disse: "Cipolla, ora capisco quello che mi avevi detto all'inizio del viaggio su come Vento Magico e Stella Segreta siano collegati tra loro! Wow, è davvero fantastico! Comincio a capire. Scusa se ti ho interrotto: Per favore, dimmi di più su Cuordolce".

Cipolla disse: "Sono molto felice che tu stia trovando le risposte da solo, piccoletto". E continuò: "Ascolta attentamente. Ecco com'è che Cuordolce mi raccontò la propria storia. Disse di provenire da un'antica dinastia, e che i suoi antenati erano molto stimati e amati da molte persone in diverse parti del mondo.

"Erano così amati e celebrati che le fragole venivano scolpite in cima agli altari e ai pilastri di chiese e cattedrali.

"Aggiunse poi che l'importante non è avere un posto sugli altari né in cima alla cattedrale più alta, ma trovare la fonte del vero amore nel proprio cuore.

"E proseguì: 'Delle antiche persone che sapevano

guardare in profondità delle cose scoprirono la ragione per cui la fragola fu creata; quei saggi sapevano che eravamo il simbolo perfetto dell'amore. Così siamo diventate il simbolo di Venere, la dea dell'amore. Facendoci diventare il simbolo dell'amore, quei saggi speravano che le persone avrebbero guardato nel proprio cuore, trovando il significato del vero amore'.

"Lei spiegò: 'La fragola è davvero il simbolo perfetto dell'amore. Ha la forma del cuore umano, è rossa all'esterno e, quando la si apre, ha dentro un mondo nascosto agli occhi di tutti. Non molti lo sanno, ma il cuore umano racchiude il più grande segreto: il segreto di un mondo invisibile'.

"Mondo invisibile?" chiese Piccolo Aglio. "Che cosa intendeva dire Fragola?"

Cipolla disse: "Non sono sicura di poterlo spiegare, ma ci proverò. Si tratta di un luogo che non può essere visto con gli occhi, ma attraverso quel posto speciale del cuore. È un luogo dove tutto è pacifico, bello e gentile. C'è chi lo chiama paradiso".

"Wow, deve essere un posto magico! Scommetto

che lì nessuno viene chiamato 'Puzzone'!" esclamò Piccolo Aglio.

"Esatto" rispose Cipolla e continuò: "Ora ascolta attentamente, piccoletto. Fragola ci ha detto cose molto importanti, ma possono essere difficili da capire. Te la senti?".

Piccolo Aglio si raddrizzò, e disse: "Finché sei qui con me, Cipolla, sì".

E Cipolla cominciò: "Ancora oggi, la gente continua a odiarsi e a combattersi. Non sono molte le persone che cercano la vera risposta alla sofferenza umana: quelle più sagge, quelle che hanno scoperto il segreto, lo hanno condiviso, ma non molti si sono sforzati di capire da soli.

"Non basta parlarne con le persone: devono volerlo scoprire da soli. Sentir parlare di qualcosa è l'inizio di una ricerca, come un cartello sulla strada. Molte persone possono vedere lo stesso cartello, ma non molti vogliono seguire l'indicazione. Sentir parlare del significato delle cose è il segnale, non la destinazione. Bisogna viaggiare verso di essa per sapere di che cosa si tratta!".

Cipolla fece una pausa e guardò Piccolo Aglio. Con delicatezza disse: "Capisci cosa intendeva Fragola con questo?".

Piccolo Aglio ci pensò intensamente. Alla fine disse: "È come mi hai detto tu, Cipolla! Tu puoi raccontarmi le cose, ma il modo migliore per imparare è sperimentarle io stesso".

Cipolla sorrise. "Bravo! È proprio così."

Piccolo Aglio sembrava molto orgoglioso di sé. "Cos'altro ti ha detto Fragola?"

"Ci disse: 'Senza sperimentare l'amore vero, e per amore vero intendo l'amore più profondo possibile, non saprete come ci si sente solo sentendone parlare.

"'Se tu non fossi venuta qui e non avessi incontrato me e le mie sorelle fragole avresti saputo com'era il mio aspetto, solo perché hai sentito parlare di me? Certamente no!

"'Quando le persone vengono guidate qui, significa che sono pronte a conoscere il vero amore di cui parlo. Scoprire questo amore è la chiave per porre fine alle guerre, all'odio e alla sofferenza. Siete qui, oggi, perché volete davvero conoscere la sofferenza umana. Questo è il primo passo e, via via che proseguirete nel vostro cammino, capirete quello che vi sto dicendo.

"'La fonte dell'amore è nel vostro cuore. Possiamo vedere questo amore in modi diversi: l'amore di una madre per il suo bambino, l'amore di una persona per un'altra, l'amore tra una persona e un animale domestico, e così via.'

"Fragola fece una breve pausa e poi aggiunse: 'A volte vediamo che questo amore si trasforma in antipatia, odio e separazione. Nel cuore, la fonte dell'amore è sempre presente, perché è collegata all'amore eterno. Essere consapevoli di questa connessione ed essere in contatto con essa, cambia il nostro modo di vivere. Quando siamo consapevoli di questo amore trattiamo gli altri con gentilezza, compassione, rispetto, comprensione e con tutta la bontà che c'è nel nostro cuore.

"'L'amore ci aiuta anche a non giudicare gli altri, ma a vedere il valore in tutte le cose'.

"Cuordolce interruppe improvvisamente il suo racconto, mi guardò e chiese: 'Ora, sai perché sei stata guidata qui da Stella Segreta con l'aiuto di Vento Magico?'.

"Fui completamente colta di sorpresa. Pensai che forse mi stesse mettendo alla prova per vedere se stavo prestando attenzione a quello che diceva. Avevo bisogno di tempo per pensare.

"Ho detto di sì! Avevo chiesto a Stella Segreta di mostrarmi perché le persone si odiano e si combattono. Credo che la risposta sia che tutti noi dobbiamo imparare ad amare davvero e a essere gentili e buoni gli uni con gli altri.

"Allora Cuordolce mi chiese se sapessi perché per alcune persone è così difficile amare.

"Non sapevo che rispondere. Con voce dolce e gentile, lei disse: 'È una lunga storia, ma sono sicura che scoprirai la risposta proseguendo i tuoi viaggi. Si sta facendo tardi e avete fatto tanta strada. È meglio che vi riposiate qui, stanotte'.

"Io e Zucca eravamo stupite dalla saggezza di Fragola.

"La ringraziammo per averci dedicato così tanto tempo e per aver condiviso con noi le sue conoscenze. Fragola allora alzò lo sguardo al cielo ingioiellato e disse: 'Guardate il cielo, trovate la stella più luminosa e sentite la sua luce nel vostro cuore'. Fece una pausa di un minuto, poi disse: 'Ora rilassatevi e consegnate tutta la vostra stanchezza e tutti i vostri pensieri alla dolce brezza della notte. Lasciate che la luce della stella riempia i vostri cuori e riposate profondamente. Domani mattina ci rivedremo. Buonanotte, amici'.

"Piena di meraviglia, di stupore, di gratitudine e di una sensazione di pace totale, dissi: 'Buonanotte, Cuordolce'.

"Quello fu il mio primo giorno con Cuordolce" disse Cipolla con un sorriso. "Passammo altro tempo con lei, e ogni giorno mi insegnò molte cose che non ho mai dimenticato."

Piccolo Aglio disse: "Pensi di potermi insegnare quello che Cuordolce ha condiviso con te?".

"Certo, piccoletto. Mentre proseguiamo il nostro viaggio condividerò alcune delle cose che ho imparato da lei. Credo che anche tu imparerai molto dalla sua saggezza."

"Lo spero. Quello che so è di aver imparato molto, oggi! Grazie per avermi parlato di Cuordolce."

"Non c'è di che. E sai una cosa? Credo che la storia

di Cuordolce sia stato il regalo per te da parte di Stella Segreta."

"Wow, davvero? È meraviglioso!"

Cipolla guardò Piccolo Aglio e notò che il suo giovane amico sembrava assonnato. "Si sta facendo tardi" disse, "che ne dici di riposare un po'?"

Piccolo Aglio accolse l'idea con favore: era stato sopraffatto dalla storia di Cuordolce. "È una grande idea, Cipolla!"

"Buonanotte, piccoletto. Sogni d'oro."

Piccolo Aglio, con il sorriso sulle labbra, rispose: "Forse Cuordolce verrà nei miei sogni stanotte. Buonanotte, Cipolla. Grazie per essere mia amica."

Il sogno speciale di Piccolo Aglio

Piccolo Aglio aprì gli occhi ai primi raggi del sole con la sensazione che qualcosa di speciale fosse accaduto.

Cipolla si era svegliata molto prima di lui, pensando a tutto ciò che aveva imparato da Cuordolce e a come fosse cambiata la sua vita dopo l'incontro con lei.

"Cipolla, sei sveglia?" chiese Piccolo Aglio.

"Buongiorno, piccoletto. Come hai dormito? Hai fatto qualche sogno?"

"Cipolla, ho fatto un sogno bellissimo su Cuordolce. Ti va di sentirlo?"

"Sì, mi piacerebbe. Te ne sarei grata."

"Me ne stavo seduto felicemente in un bellissimo campo di fiori, guardando un bombo che passava da un fiore all'altro, quando, all'improvviso, ho sentito una dolce voce che domandava: 'Vuoi scoprire la tua Stella Segreta?'.

"Mi sono girato ed era Cuordolce! Era esattamente come l'avevi descritta. Mi ha guardato in modo così amorevole, come se mi conoscesse da sempre.

"Anche a me sembrava di conoscerla. Mi ha detto: 'Hai cercato con tutte le tue forze di trovare la tua Stella Segreta, e hai ascoltato ciò che Cipolla ti ha insegnato. Perciò ti mostrerò come trovare la tua Stella Segreta'. E poi: 'Guarda con molta attenzione quello che ti mostrerò'.

"Temevo che, se avessi fatto qualcosa di sbagliato, lei non mi avrebbe più parlato della mia Stella Segreta. Lei ha visto quanto fossi preoccupato e, con la voce più dolce e affettuosa, mi ha detto: 'Non preoccuparti, andrà tutto bene'.

"Poi, piano piano, ho iniziato a respirare profondamente e, come se una porta si stesse aprendo, Cuordolce si è aperta in due metà, e io ho potuto vedere l'interno del suo cuore. Era come se ci fosse un altro cuore dentro di lei. Lei ha indicato un puntino in cima al suo cuore che mi sembrava la stella più luminosa che avessi mai visto. Mi ha detto: 'Anche tu nel cuore hai un punto luminoso come questo; se ti concentri su di esso ogni sera, prima di andare a dormire, conoscerai la tua Stella Segreta. La tua Stella Segreta ti guiderà al tuo tesoro segreto'.

"Poi ha richiuso lentamente la metà del suo cuore che aveva aperto, tornando a essere intera. Con un sussurro mi ha detto: 'Ognuno di noi ha la più luminosa delle stelle nel proprio cuore, ed è attraverso questa stella che si può trovare il proprio tesoro segreto e sperimentare il vero amore!'.

"Detto questo è scomparsa, e io mi sono svegliato.

"Oh, Cipolla, avevo così tante domande da farle! Cosa ne pensi di questo sogno? Pensi che sia un sogno vero?"

Con voce tenera e affettuosa, Cipolla disse: "Piccolo amico, hai ricevuto un regalo molto speciale da Cuordolce. Lei non svela questo segreto a chiunque. Occorre essere pronti per ricevere questo dono importante.

"Sai, Cuordolce riesce a vedere nel cuore di tutti e

conosce il segreto del tuo cuore.

"In effetti, hai ricevuto un dono molto speciale!

"Forse, un giorno, Vento Magico ti porterà da Cuordolce e la vedrai nel giardino magico delle fragole. Vedi, il luogo in cui Cuordolce vive è protetto da chiunque abbia cattive intenzioni, cioè dalle persone che vogliono fare o dire cose cattive. Solo coloro che sono buoni, gentili e sinceri, e che vogliono trovare il proprio tesoro segreto vengono guidati da lei.

"Come sai, Cuordolce è la Dea dell'Amore, e insegna a chi è sincero come trovare il vero Amore."

"Cipolla, farò quello che mi ha mostrato in sogno, e forse Vento Magico mi porterà da lei un giorno."

"Sono contenta che tu voglia fare quello che ti ha insegnato Cuordolce, e sono sicura che scoprirai la tua Stella Segreta.

"Bene! Quello che hai ricevuto è un messaggio molto importante. Ti piacerebbe passare una giornata tranquilla e pensare all'insegnamento di Cuordolce? Cosa ne diresti se ci rilassassimo e ci godessimo questa bella giornata?"

Piccolo Aglio, che aveva bisogno di tempo per

IL SOGNO SPECIALE DI PICCOLO AGLIO

assimilare ciò che Cuordolce gli aveva insegnato in sogno, accolse con favore il suggerimento di Cipolla. "Ottima idea. Sono un po' sopraffatto dal mio sogno, una giornata tranquilla mi sembra meravigliosa."

E così Piccolo Aglio e Cipolla si godettero insieme la loro giornata tranquilla . A volte parlavano, altre volte restavano in silenzio.

Piccolo Aglio rifletté sul proprio sogno, su tutto ciò che aveva vissuto lungo il cammino, e su tutto ciò che aveva imparato da Cipolla.

Cipolla rifletté sul sogno di Piccolo Aglio. Pensò che forse quello era il modo in cui Cuordolce gli faceva sapere che stava diventando adulto, che presto sarebbe diventato indipendente e avrebbe continuato il viaggio da solo.

All'improvviso si resero conto che la giornata volgeva al termine e che il bagliore del sole al tramonto si diffondeva all'orizzonte. Stava calando il crepuscolo.

Cipolla chiese: "Com'è andata la tua giornata?".

"È stata una giornata insolita, ma piacevole" rispose Piccolo Aglio. "Mi sono sentito leggero come una farfalla. Mi sembrava di poter fare qualsiasi cosa!

È accaduto così tanto dentro di me... non riesco a spiegarlo. È stato un bene che la giornata sia stata tranquilla e che Vento Magico non sia venuto a portarci da nessuna parte."

"Sì, è vero" disse Cipolla con un sorriso. È stata davvero una magnifica giornata.

Pensando che Piccolo Aglio potesse essere stanco, Cipolla chiese: "Sei pronto per una buona notte di riposo?".

"Sì, Cipolla. Grazie per averlo chiesto."

"Bene, allora mettiti comodo e rilassati. Chiudi gli occhi e prendi coscienza del tuo cuore. Senti la bontà dentro di esso e guarda la stella luminosa che, come ti ha detto Cuordolce, è nel cuore di tutti. Abbandonati alla meravigliosa sensazione del tuo sogno.

"Buonanotte, piccoletto. Sogni d'oro."

"È stata una giornata meravigliosa! Buonanotte, Cipolla. Grazie per essere mia amica."

La storia di Adam

La mattina seguente, Cipolla e Piccolo Aglio si svegliarono molto presto. Avevano riposato bene e si chiesero se Vento Magico sarebbe arrivato per portarli verso una nuova destinazione.

Piccolo Aglio era impaziente: "Cipolla, mentre aspettiamo Vento Magico, pensi di potermi raccontare un'altra delle storie che Cuordolce ha raccontato a te e a Zucca?"

"Certo! È un'idea eccellente" rispose lei.

"Grazie, Cipolla".

E così Cipolla iniziò a raccontare una storia, proprio come Cuordolce gliel'aveva raccontata.

Cuordolce narra una storia

Un giorno, un uomo che aveva l'aria di aver fatto un lungo viaggio, si sedette nel giardino. Pareva stanco e cercava un posto dove riposare per la notte.

Mi avvicinai all'uomo e gli chiesi come mai fosse da solo e perché fosse così stanco. L'uomo mi rispose che la sua storia era molto lunga e ci sarebbero voluti molti giorni e molte notti per raccontarla.

Gli dissi di non preoccuparsi di quanto tempo ci volesse, che qui il tempo non significa nulla. Gli suggerii di riposare un po' e che più tardi le mie sorelle fragole gli avrebbero servito un rinfresco. Il visitatore mi ringraziò per essere stata tanto comprensiva. Distese le gambe stanche e si mise comodo all'ombra del salice piangente.

In un attimo cadde in un sonno profondo, dormiva come un bambino. Le mie sorelle misero il rinfresco a portata di mano del visitatore e tornarono nel giardino delle fragole.

Io mi sedetti lì vicino, in attesa che l'uomo si svegliasse. Sapevo che chiunque giunge a noi è guidato da Stella Segreta per uno scopo importante, e guardando il visitatore capii che quella era l'ultima parte del suo lungo viaggio.

LA STORIA DI ADAM

Quando l'uomo aprì gli occhi il sole era tramontato e il cielo era pieno di stelle. Lui si guardò intorno un po' perso; poi, notando che era già buio e che erano spuntate le stelle, si mise a sedere e vide che io ero lì vicino. Cominciò a scusarsi per aver riposato così a lungo, ma io lo rassicurai ancora una volta sul fatto che, qui, il tempo non significa nulla.

Gli offrii il rinfresco e lui ci ringraziò per l'ospitalità. Sembrava contento di sorseggiare il dolce nettare dei fiori selvatici e di mangiare il leggero pasto che era stato preparato per lui.

Dopo aver gustato il rinfresco, ci chiese se fosse un buon momento per condividere la sua storia.

Gli dissi di sì, che ci avrebbe fatto molto piacere ascoltarla. E lui cominciò.

Adam parte dall'inizio

Quando ero molto giovane, tutta la mia famiglia e tutti i nostri vicini furono severamente puniti dagli altri abitanti del villaggio solo perché praticavamo una fede diversa. Non ricordo nemmeno quanti anni avevo. So solo che, poco prima che arrivassero a casa nostra, mia madre riuscì a nascondermi in un angolo sotto un'area di foraggiamento nel nostro fienile dove tenevamo le mucche. Rimasi lì a lungo, giorno e notte, con la paura che qualcuno mi trovasse. Non sapevo dove andare o cosa fare. Le mucche diventarono mie amiche e ogni mattina, prima di uscire al pascolo, mi davano un po' del loro latte per non farmi patire la fame. Un pomeriggio, era tardi, sentii alcuni uomini che parlavano fuori dalla stalla. Uno di loro disse che avrebbe portato le mucche al mercato per venderle al mattino.

Non avevo idea di cosa mi sarebbe successo se avessero venduto le mucche. Erano le mie uniche amiche: cosa dovevo fare? Dove potevo andare? Quando la notte divenne nera come la pece e fui sicuro che tutti fossero andati a casa, salutai le mucche e le ringraziai per essere state delle così buone amiche per me.

Iniziai a camminare e camminare. Non avevo idea di dove stessi andando. Volevo solo allontanarmi da quei terribili abitanti del villaggio. Di notte camminavo e di giorno mi nascondevo sotto i cespugli perché nessuno mi vedesse. Per fortuna lungo il cammino mi sono fatto molti amici che mi hanno aiutato. I pettirossi mi offrivano semi, i bombi il miele, gli scoiattoli ghiande, i passeri briciole di pane e così via. Tutti questi amici e molti altri ancora mi davano speranza e hanno evitato che soffrissi la fame.

Non so per quanto tempo ho viaggiato. So solo che quando finalmente giunsi in un posto sicuro, svenni per la stanchezza. Questa fu la prima parte del mio viaggio!

Quando aprii gli occhi vidi una bellissima donna, radiosa, con lunghi capelli bianchi, seduta in silenzio vicino a me. Notando che ero sveglio mi disse con voce gentilissima: "Sembra che tu abbia viaggiato per molto tempo, figlio mio".

A quelle parole cominciai a piangere, come se un fiume di dolore uscisse dal mio cuore. Per quanto mi sforzassi, non riuscivo a trattenere le lacrime. Lei mi guardava come se mi conoscesse da sempre, con la stessa tenerezza con cui mi guardava mia madre. Con voce confortante mi disse: "Andrà tutto bene, figlio mio. Il periodo di oscurità è finito per te. D'ora in poi il tuo viaggio sarà di luce, amore e pace".

Poi si alzò lentamente, si avvicinò e si sedette con delicatezza accanto a me. Nel suo abito bianco e lungo, e con lo scialle bianco di seta, sembrava un angelo, come se fosse piena di luce; i suoi occhi parevano d'oro. Prima di allora non avevo mai visto nessuno come lei. Aveva gli occhi più gentili e una presenza molto confortante.

Disse: "Avrai fame e sete, dopo un viaggio tanto lungo'. Risposi di sì.

Lei aprì un panno bianco ricamato e ben piegato e mi offrì pane, frutta, noci, dolci e acqua fresca da una brocca di terracotta. Disse: "Per favore, goditi queste offerte".

Si sedette in silenzio mentre mangiavo. Quando ebbi finito la ringraziai e le dissi quanto mi fosse piaciuto il pasto. Non vedevo l'ora di raccontarle la mia storia.

Come se potesse leggermi nel pensiero, mi chiese da dove venissi e da quanto tempo fossi in viaggio. Le raccontai tutto ciò che riuscivo a ricordare, e poi volle sapere quale fosse il nome che i miei genitori mi avevano dato. Le dissi che mi avevano chiamato Adam.

"Adam" disse, "sei davvero un giovane coraggioso! Ti stavo aspettando. Sei speciale e hai una missione importante! Ti consegnerò un dono speciale, che ti darà il segreto della pace.

Quando avrai avuto la possibilità di riposare e rilassarti dal tuo lungo viaggio, ci siederemo insieme in riva al ruscello e condividerò il dono con te."

Passarono molti giorni. Ogni giorno lei mi portava una varietà di frutta deliziosa, noci, pane e dolci. Non avevo mai mangiato così bene. Trascorrevo le giornate passeggiando nei campi, esplorando le splendide colline, osservando i contadini nei campi lontani o il pastore con il suo gregge di pecore. Quando mi sentivo stanco, mi sedevo vicino al ruscello per riposare: mi piaceva il suo gorgoglio calmante, mi piaceva guardare l'acqua limpida che si muoveva dolcemente, dando vita a tanti fiori e piante. A volte schiacciavo un pisolino. Il chiacchiericcio degli uccelli mi era di conforto, non mi sentivo mai solo.

La sera, verso il tramonto, lei si avvicinava e mi chiedeva della mia giornata e se avessi bisogno di qualcosa. Non avevo bisogno di niente. Si era assicurata che avessi tutto ciò di cui avrei potuto avere necessità. Non avevo alcuna preoccupazione. Mi sentivo al sicuro, accolto.

Ogni sera, quando le stelle cominciavano a brillare nel cielo, mi raccontava una storia su una stella diversa. Notte dopo notte, imparavo a conoscere un'altra stella. Mi raccontò di come le persone avessero capito come fare a orientarsi sulla terra e in mare conoscendo le stelle. A me sembrava magia, ed era splendido addormentarsi sentendo quanto fosse speciale ogni stella.

Una notte le stelle illuminavano il cielo come grandi gioielli scintillanti, e allora mi raccontò di Stella Segreta. Disse che tutto ciò che esiste è governato da Stella Segreta, e che quando avrei scoperto la mia Stella Segreta, quella mi avrebbe parlato del mio dono speciale e del motivo per cui ero stato guidato da lei.

Passarono molte notti, e in ognuna di esse mi raccontava una storia su Stella Segreta, finché non mi addormentavo.

Poi, una notte, feci un sogno che non ho mai dimenticato. Quando mi svegliai sapevo di aver trovato la mia Stella Segreta, e sapevo che quello sarebbe stato il mio ultimo giorno con questa donna angelica che si è presa così tanta cura di me per tutto questo tempo.

Ero sopraffatto dal mio sogno. Era stato così reale. Venivo trasportato da qualche parte oltre le stelle, al di là di tutto ciò che conoscevo. Mi sentivo trasformato.

Da allora, ogni sera al crepuscolo, appena vedo le prime stelle nel cielo chiudo gli occhi e vedo la mia Stella Segreta. Poi, vengo trasportato in quel luogo speciale del mio sogno.

Piccolo Aglio e Cipolla parlano della storia di Adam

"La storia di Adam mi da tante emozioni" disse Piccolo Aglio a Cipolla. "Per lui ho avuto paura, sono stato triste e poi felice quando ha trovato la sua Stella Segreta. Tu e Cuordolce avevate ragione, è una storia importante!"

"Sono contenta che la pensi così, piccoletto."

"Allora, cosa è successo dopo? Cos'altro ti ha detto Cuordolce?"

Cipolla disse: "Adam aveva parlato con Cuordolce

per un bel po', e vedendo che si stava facendo buio, Cuordolce gli suggerì di riposare bene: avrebbero continuato il mattino dopo.

Adam disse a Cuordolce e alle sorelle fragole quanto fosse grato per le loro cure e la loro gentilezza e augurò a tutte una buona notte. Questa è la fine della storia di Adam, per ora, il resto te lo racconterò domani."

"Cipolla, è stata una storia molto interessante, non vedo l'ora di ascoltare il resto. Pensi di poter condividere con me anche le storie su Stella Segreta, come aveva fatto la donna con Adam?"

Cipolla sorrise con tenerezza e amore, sapendo che il suo giovane amico stava per scoprire qualcosa di importante. Rispose: "Certo, lo farò".

"È fantastico, Cipolla! Grazie."

"Non c'è di che, piccoletto."

Piccolo Aglio si chiedeva se il sogno di Adam sulla Stella Segreta fosse come il suo, quindi chiese: "Cipolla, Cuordolce vi ha raccontato del sogno di Adam?".

Cipolla sapeva che Piccolo Aglio era sincero e che voleva imparare il più possibile su Stella Segreta. Rispose: "Sì, ha condiviso con noi il sogno di Adam".

Piccolo Aglio chiese: "E tu vuoi condividere il sogno di Adam con me?".

"Ne sarei felice" rispose Cipolla, "ma in un secondo momento. Abbiamo avuto una giornata interessante e gratificante. Sarebbe una buona idea riposare un po' e godersi il cielo notturno.

"Sei pronto per una buona notte di riposo?" chiese.

"Sì! Questa è stata un'altra giornata speciale!"

"È vero. Mettiti comodo e rilassati. Guarda il cielo e osserva quanto è bello, illuminato dalle stelle. Trova la più luminosa e guardala per qualche minuto. Poi chiudi gli occhi e senti la luce di quella stella nei tuoi occhi e nel tuo cuore. Sentila espandere e avvolgerti. Buonanotte, piccoletto, sogni d'oro."

"Grazie per aver condiviso tante storie importanti con me. Buonanotte, Cipolla. Grazie per essere mia amica."

Il Fiore della Pace

"Buongiorno piccoletto, hai riposato bene stanotte?"

"Buongiorno, Cipolla. Ero un po' agitato" rispose Piccolo Aglio. "Mi sembrava di essere mezzo addormentato e mezzo sveglio. La storia di Adam continuava a tornarmi in mente. Il modo in cui aveva perso la sua famiglia, il viaggio solitario per così tanto tempo, gli amici conosciuti lungo il cammino e l'incontro con la donna angelica."

Cipolla, pensierosa, disse: "Forse ieri notte, prima di andare a riposare, avrei dovuto raccontarti del Fiore della Pace, così saresti andato a dormire con quella storia in mente."

"Non preoccuparti, Cipolla. Forse, per capire un po' meglio il legame tra perseveranza e pace, mi ha fatto bene sentire delle difficoltà di Adam."

Cipolla era felice di sentire che il suo giovane amico cominciava a capire la vita in modo più profondo. "È un modo saggio di pensare alle cose. Sono così orgogliosa di te! Ti piacerebbe sentire adesso del Fiore della Pace?"

Piccolo Aglio annuì entusiasta. "Sì! Per favore, Cipolla!"

"Bene! Allora, al mattino, Cuordolce e le sue sorelle fragole portarono un rinfresco a Adam. Lui era in piedi dall'alba e disse loro che non aveva mai riposato così profondamente. Gli sembrava di essere arrivato alla fine del suo lungo viaggio.

"Fin dal primo momento in cui lo aveva incontrato, Cuordolce aveva capito che Adam era arrivato da loro perché aveva compiuto la propria missione. Glielo disse, e gli chiese se volesse raccontare il resto della propria storia.

"Ma prima gli suggerì di godersi il rinfresco che le sue sorelle fragole avevano preparato per lui.

Adam espresse gratitudine per il rinfresco, e mentre mangiava Cuordolce gli raccontò dell'incontro che lei stessa aveva avuto con la donna angelica. Adam fu felicissimo di sentire la storia. Sebbene si fosse sempre sentito vicino alla donna angelica e non avesse mai avuto la sensazione che fossero stati separati dal tempo e dallo spazio, gli piacque molto ascoltare la storia di Cuordolce.

"Quando lei ebbe finito, chiese a Adam se volesse continuare con la sua storia.

"Lui rispose di sì, e questo è ciò che disse del suo ultimo giorno con la donna angelica."

Adam continua la sua storia

La mattina dopo il mio sogno sulla Stella Segreta, la donna angelica venne a trovarmi. Capii subito che era giunto il giorno in cui mi avrebbe dato il mio dono speciale. Camminammo lentamente insieme e ci sedemmo in silenzio vicino al ruscello.

Come sempre, aprì il bellissimo panno pulito e mi offrì un'abbondante colazione di frutta, noci e dolci. Mi offrì anche del latte dolce da una brocca turchese che aveva portato con sé.

Mi chiese se mi ricordassi del primo giorno in cui

ci eravamo incontrati e di quello che mi aveva detto. Risposi di sì. Mi guardò profondamente e poi disse con voce dolce e premurosa che ero pronto a ricevere il dono e a iniziare la parte successiva del mio viaggio.

I miei occhi si riempirono di lacrime, il petto si strinse e mi si chiuse la gola. Non riuscivo a dire una parola. Sapevo che quello era il giorno della separazione, ma non potevo sopportare il pensiero di separarmi da lei. Era stata la mia famiglia: dovevo lasciarla? Come avrei potuto andare avanti senza di lei? Come potevo tornare a stare da solo? Il pensiero era più di quanto potessi sopportare. Potevo vedere nei suoi occhi che sentiva il dolore che provavo. Mi disse con voce tenera e affettuosa che non dovevo preoccuparmi di questa separazione e che non mi sarei mai più sentito solo. Disse che ogni separazione è difficile all'inizio, ma nel procedere del nostro viaggio ci rendiamo conto che la separazione fa parte della crescita e del completamento.

Mi fece un esempio che non ho mai dimenticato. Disse che se un seme rimanesse all'interno del fiore o del frutto senza separarsi da esso, non avrebbe la possibilità di diventare un fiore o un frutto. Disse che tutta la saggezza e la conoscenza del frutto e del fiore sono nel seme. È importante per il seme sperimentare tutti i cicli di crescita per sapere cosa significhe essere un fiore o un frutto.

Disse che questo valeva anche per me. Se non avessi intrapreso quel viaggio non avrei mai scoperto tutto ciò che avevo dentro di me; disse che quando il seme si separa, sa di dover superare molti ostacoli da solo per sopravvivere e diventare un frutto o un fiore. All'inizio il seme dipende dal vento o da un uccello per essere trasportato in un luogo fertile in cui crescere. Quando si trova nell'oscurità del terreno, il seme ha la speranza che un giorno supererà l'oscurità e sarà accolto dalla luce del sole. Sa che quello è il periodo in cui deve fare ogni sforzo per sopportare l'oscurità e non arrendersi, che è il momento di far crescere le radici e diventare forte, in modo da poter spuntare al di sopra del terreno ed essere nutrito dal sole."

Piccolo Aglio fa un collegamento

Piccolo Aglio, che aveva ascoltato con molta attenzione ogni parola, disse: "Cipolla, mi è venuta in mente una cosa! La storia del seme è simile a quella del bruco: si è trasformato e gli sono cresciute le ali per poter volare ed essere libero nel cielo! È vero, Cipolla?".

Cipolla sorrise. "Proprio così, piccoletto. Stai imparando così bene, stai cercando il significato più profondo di queste storie. Sono così orgogliosa di te!"

"Grazie, Cipolla. Mi dispiace di averti interrotto. Per favore, continua con la storia di Adam."

"Non preoccuparti. Mi fa piacere che tu stia ascoltando e pensando con profondità a tutto" disse Cipolla, e poi continuò con il racconto di ciò che Cuordolce le aveva detto.

Cuordolce continua la storia di Adam

Adam capì ciò che la donna angelica stava dicendo e si rese conto che la morte della sua famiglia e degli abitanti del villaggio, e le difficoltà che aveva sopportato lungo la strada prima di incontrarla, facevano parte del periodo di oscurità e di crescita, proprio come quello del seme. Anche il tempo che aveva passato con lei era stato simile: lei lo aveva nutrito proprio come fa il sole. Così, Adam in cuor suo seppe che avrebbe dovuto continuare il viaggio e compiere il proprio destino.

La donna angelica gli raccontò che quando aveva la sua età qualcuno le aveva fatto un dono speciale; le era stato detto che un giorno sarebbe arrivato un giovane e lei avrebbe dovuto passargli questo dono. Disse che il messaggio del Fiore della Pace sarebbe stato il dono di Adam alle persone di tutto il mondo. Avrebbe viaggiato di villaggio in villaggio, di città in città, di paese in paese, condividendo il messaggio con chiunque avesse incontrato.

Io domandai a Adam se fosse quello il motivo per cui era lì. Mi rispose che la donna angelica gli aveva detto che un giorno i suoi viaggi lo avrebbero portato in un giardino segreto – il giardino dove si raccoglie l'amore – e, una volta arrivato lì, avrebbe dovuto condividere la storia con la Dea dell'Amore.

Ecco cosa gli dissi: "Benvenuto nel giardino dell'amore! Hai compiuto la tua missione. Qui sarai ricompensato per il lavoro che hai svolto in tanti lunghi anni. Hai diffuso il messaggio di speranza e di pace in lungo e in largo. Qui entrerai nel giardino del paradiso e sarai benedetto con l'amore eterno".

Adam mi ringraziò per la benedizione e io gli chiesi se volesse condividere con le sorelle fragole il dono speciale che aveva ricevuto dalla donna angelica.

Lui rispose che avrebbe condiviso volentieri il dono. Spiegò che la donna angelica gli aveva raccontato che il segreto per porre fine alla violenza sulla terra passa attraverso il messaggio del Fiore della Pace, così mise una mano in tasca e tirò fuori un piccolo seme. Mise il seme nel palmo della mano sinistra, chiuse gli occhi, respirò profondamente dal suo cuore e, mentre espirava lentamente, aprì la mano. Il seme era diventato pura luce. Sembrava un cuore fatto di luce!

Appena lo vidi, capii che Adam aveva ricevuto il grande segreto della pace sulla terra. Io e le mie sorelle fragole restammo in silenzio finché Adam non fu pronto a parlare di nuovo.

Adam finisce di raccontare la sua storia a Cuordolce

Nel momento in cui la donna angelica stava per

raccontarmi la storia del Fiore della Pace, aprì un piccolo sacchetto di velluto blu e ne estrasse questo stesso seme, lo mise nel palmo della mano e fece esattamente quello che ho fatto io poco fa. Rimasi stupito nel vedere un seme trasformarsi in pura luce!

Lei disse: "La mia storia è simile alla tua. Quando ero bambina nel mio paese scoppiò la guerra e, per qualche motivo, io mi sono persa e sono rimasta sola. Ero troppo piccola per ricordare cosa fosse successo, ma la famiglia che mi aveva trovato tra le rovine del nostro villaggio mi raccontò tutto ciò che sapeva della mia famiglia. Il dolore per la separazione dalla mia famiglia non mi ha mai abbandonata, così ho deciso di intraprendere un viaggio per ritrovarla. Ho viaggiato in lungo e in largo, ma non avevo molti indizi da cui partire: solo ciò che sapevo dalla famiglia che mi aveva accolta.

"Un giorno, quando ero completamente esausta per il viaggio, crollai per la stanchezza, la sete e la fame. Una donna anziana e gentile mi trovò e si prese cura di me fino a quando non mi fui rimessa in sesto e non fui tornata in forze. Da tempo volevo scoprire la ragione della violenza nel mondo e il motivo per cui le persone si odiavano a vicenda. Chiesi all'anziana donna se lo sapesse. Lei tirò fuori questo seme e mi domandò se sapessi come si chiamava. Risposi che non lo sapevo. Mi disse che si chiamava 'seme della pace' e che, se lo avessi guardato da vicino, avrei notato che aveva la forma di un cuore. Disse che il seme aveva una lunga storia e che avrei imparato tutto su di esso durante il mio viaggio. Si raccomandò di prestare attenzione a tutto ciò che vedevo lungo il cammino e di notare quante cose hanno la forma come il cuore.

"A quel punto, l'anziana donna mi chiese di tendere la mano sinistra e mi pose il seme nel palmo. Poi disse che avrei dovuto chiudere gli occhi, essere presente nel mio cuore e ascoltare con molta attenzione ciò che stava per raccontare. Ecco cosa disse:

La pace è un seme
piantato nel cuore che
cresce e sboccia dalla
bontà del cuore.

Ogni giorno, quando

IL FIORE DELLA PACE

*ti svegli, non importa
quanto sia difficile,
apri gli occhi
con la sensazione di
amore nel cuore.
Coltiva questo amore
mentre passi la tua giornata,
con un'azione gentile per
chi ne ha bisogno,
un sorriso e parole gentili
per tutti coloro che incontrerai.*

*Ricorda che una giornata
di lavoro onesto rafforza
il cuore, e l'amore
mantiene il cuore
tenero e morbido.*

*Ricorda di nutrire il tuo
cuore con la speranza, la fede,
la bellezza e l'amore
finché il seme della pace
ti sboccerà nel cuore
diventando il Fiore della Pace
che offrirai al mondo.*

Ricorda:
le tue parole,
le tue azioni,
il tuo lavoro,
il tuo sguardo,
persino un sorriso
sono i petali di pace
coltivati ogni giorno
dall'amore
nel tuo cuore.

Prova a immaginare,
se tutti nutrissero
così il loro cuore,
non sarebbe forse il mondo
un luogo pacifico in cui vivere?

"Quando l'anziana donna finì di parlare mi chiese di aprire gli occhi e di guardare il seme nel palmo della mia mano. Non avevo mai visto niente di simile; il seme era diventato luce pura. L'anziana disse: 'Questo seme di pace, che porterai con te e che offrirai al mondo, sarà il Fiore della Pace che adornerà il mondo. Chi coltiva il seme della pace nel proprio cuore sarà, proprio come questo seme, luce di pace nel mondo'."

La donna angelica aggiunse che, dopo averle consegnato il messaggio del Fiore della Pace, l'anziana le disse che una volta portata a termine la missione sarebbe dovuta rimanere in quella destinazione fino a quando non fosse arrivato un giovane uomo da un lungo viaggio di stenti. Doveva prendersi cura di lui e, quando fosse stato pronto, gli avrebbe dato il dono del Fiore della Pace, proprio come l'aveva ricevuto lei.

La donna angelica si fermò un attimo, mi guardò profondamente negli occhi e disse: "Ora ti è stata affidata la chiave della pace nel mondo. Hai una missione importante. Il Fiore della Pace fiorirà quando andrai di villaggio in villaggio, di città in città, di paese in paese. Mantieni nel tuo cuore la speranza, la fede e l'amore come compagni fidati e non ti sentirai mai solo né scoraggiato.

Alla fine del tuo viaggio arriverai a un giardino segreto, il giardino dell'amore, e dopo aver condiviso la tua storia con la Dea dell'Amore, consegnale questo seme perché lo custodisca. Lei conosce già colui che verrà dopo di te e che porterà questo messaggio nel mondo".

PICCOLO AGLIO

Piccolo Aglio e Cipolla parlano della storia di Adam

Cipolla fece una pausa, guardò Piccolo Aglio, poi disse: "Quando io e Zucca abbiamo sentito il messaggio del Fiore della Pace, abbiamo cominciato a piangere. Eravamo consapevoli di aver ricevuto un dono molto speciale e ne eravamo grate. Non sapevamo perché stessimo piangendo, non eravamo tristi. Quando alzammo gli occhi, vedemmo Cuordolce che ci guardava con tenerezza. Lei capiva cosa stava succedendo dentro di noi.

"Ci disse: 'Tenete questa storia vicino al vostro cuore e ricordatela ogni giorno del vostro viaggio. Il Fiore della Pace sarà vostro compagno e vostro amico lungo il cammino'."

Cipolla fece una pausa e aggiunse tranquillamente: "Non ho mai dimenticato Cuordolce, e ho sempre ricordato la storia di Adam e del Fiore della Pace".

"Sono sicuro che ricorderò queste storie per sempre" disse Piccolo Aglio. "Cipolla, pensi davvero che un giorno incontrerò Cuordolce e che darà anche a me un dono speciale?"

"Non lo so" rispose lei. "Di certo non è apparsa nel tuo sogno senza motivo. Tu devi essere stato pronto ad accogliere questa storia importante."

"Cipolla, Adam ha raccontato a Cuordolce dei suoi viaggi?"

"Sì. Ha trascorso molto tempo con Cuordolce e ha condiviso le esperienze che aveva vissuto durante i suoi viaggi" rispose Cipolla.

"Cipolla, mi racconteresti alcune di queste storie?" chiese Piccolo Aglio. "Mi piacerebbe un sacco sapere dove è andato, cosa ha imparato e cosa ha scoperto."

"Non credo che Cuordolce ci abbia raccontato tutte le storie, ma condividerò con te quelle che mi ricordo mentre saremo in viaggio" rispose Cipolla.

"Sarebbe meraviglioso! Grazie, Cipolla."

"Non c'è di che!" rispose Cipolla, poi si fermò e disse, con voce pacata: "Si sta facendo buio. Riposiamoci e ricordiamo la storia del Fiore della Pace che Cuordolce ci ha raccontato. Che sia la nostra compagnia per la notte".

"Mi piace molto questa idea. Grazie per aver condiviso la storia di Adam e del Fiore della Pace.

Cuordolce è nel mio cuore, la terrò stretta e la ricorderò ogni giorno."

"Mi fa piacere. Penso che il Fiore della Pace sia stato il regalo di Cuordolce per te. Buonanotte, piccoletto. Riposa bene e sogni d'oro."

"Buonanotte, Cipolla. Sono così grato, sereno e felice. Grazie per essere mia amica."

Cipolla lanciò uno sguardo tenero al suo giovane amico. Questa era la prima volta che condivideva la storia di Cuordolce con qualcuno. Si chiese se Stella Segreta avesse in mente una missione speciale per Piccolo Aglio. In effetti, questi erano giorni speciali.

*Piccolo Aglio tornerà con altre storie
mentre il suo viaggio continua!*

L'Autrice

QUESTO LIBRO RIFLETTE l'esperienza internazionale unica di Avideh Shashaani come poetessa, scrittrice e conferenziera, e il lavoro di tutta una vita come appassionata e inflessibile portavoce dell'infanzia e sostenitrice di progetti giovanili per la comprensione interreligiosa, la pace e la giustizia sociale.

Shashaani è la sesta destinataria annuale del premio "Waging Peace", istituito dall'ex presidente Jimmy Carter.

È fondatrice e presidente del *Fund for the Future of our Children* (FFC), che da quasi tre decenni promuove i giovani come leader di domani per la pace e la giustizia sociale. Il FFC ha attirato l'attenzione sui bambini nei paesi devastati dalla guerra e ha sviluppato un programma di studi sulla leadership morale intitolato *Speaking Truth: Watershed Moments in Global Leadership*.

Le poesie e gli scritti di Shashaani sulla spiritualità e sulla difesa dei bambini sono stati presentati in un programma di un'ora della Library of Congress per le stazioni della National Public Radio. È autrice di tre libri di poesia. *Tell Me Where to Be Born* è incentrato sulla violenza contro i bambini. Le sue poesie e i suoi scritti sono apparsi in antologie, libri e riviste tra cui *Spirituality in Clinical Practice* dell'American Psychological Association. È curatrice del volume *Something Deeper Happened: Young Voices and the 2008 U.S. Election*, con una prefazione dell'arcivescovo Desmond Tutu.

Avideh Shashaani ha fatto parte di vari consigli di amministrazione di organizzazioni non-profit che si occupano di spiritualità, tra cui il Faith and Politics Institute, che sponsorizza pellegrinaggi congressuali, il Thomas Merton Institute for Contemplative Living e la Collaborative for Spirituality in Education.

È stata ospite di molte istituzioni prestigiose, dal Parlamento delle Religioni Mondiali, alla Conferenza delle Nazioni Unite sui Diritti Umani, alla Columbia University, la Georgetown University, la Washington Hebrew Congregation, il Goethe Institute e il Cincinnati Museum of Art.

Il suo lavoro ha incluso l'introduzione di programmi di meditazione e benessere a società, organizzazioni e agenzie governative tra cui il Senato degli Stati Uniti, la U.S. Capitol Police, la Banca Mondiale, l'Organizzazione Panamericana della Sanità, American Heart Association, MCI e INTELSAT.

All'inizio della sua carriera, Shashaani è stata la prima co-direttrice dell'Istituto Internazionale per la Riabilitazione nei paesi in via di sviluppo, fondato dalle Nazioni Unite, ed è stata nominata dal Segretario Generale delle Nazioni Unite per la riunione del gruppo di esperti sulle "Implicazioni socio-economiche degli investimenti nella riabilitazione dei disabili."

Nata a Teheran, in Iran, Shashaani ha trascorso gran parte dell'infanzia a Washington, D.C., dove il padre era un diplomatico. La sua formazione accademica comprende una laurea in Psicologia sperimentale, un master in Psicologia, un master in Pianificazione e gestione dell'istruzione, e un dottorato di ricerca in studi sufi.

Visita **www.LittleGarlic.org**

Ringraziamenti

*Grazie a tutti coloro che hanno sostenuto
Little Garlic in questo viaggio verso
la pubblicazione.*

www.ingramcontent.com/pod-product-compliance
Lightning Source LLC
Chambersburg PA
CBHW050032090426
42735CB00022B/3456